档案管理
与信息安全探析

陈盈冰 孙 娆 丁 慧 ◎著

中国书籍出版社
China Book Press

图书在版编目（CIP）数据

档案管理与信息安全探析 / 陈盈冰, 孙娆, 丁慧著.
北京：中国书籍出版社, 2024. 11. -- ISBN 978-7
-5241-0020-1

Ⅰ. G271

中国国家版本馆 CIP 数据核字第 2024DV9885 号

档案管理与信息安全探析
陈盈冰　孙　娆　丁　慧　著

图书策划	邹　浩
责任编辑	毕　磊
责任印制	孙马飞　马　芝
封面设计	博健时代
出版发行	中国书籍出版社
地　　址	北京市丰台区三路居路 97 号（邮编：100073）
电　　话	（010）52257143（总编室）　　　（010）52257140（发行部）
电子邮箱	eo@chinabp.com.cn
经　　销	全国新华书店
印　　厂	环球东方（北京）印务有限公司
开　　本	710毫米×1000毫米　1/16
印　　张	13.5
字　　数	219千字
版　　次	2025 年 4 月第 1 版
印　　次	2025 年 4 月第 1 次印刷
书　　号	ISBN 978-7-5241-0020-1
定　　价	78.00元

版权所有　翻印必究

前 言

随着信息技术的迅猛发展和数据处理的日益复杂，档案管理的方式和挑战也发生了深刻变化。信息泄露、篡改和丢失等问题频繁发生，严重影响了组织的运营和安全。因此深入研究档案管理中的信息安全问题，探索防范和应对措施，显得尤为重要。本书的主要目的在于系统地探讨档案管理与信息安全领域中的关键问题，并提供全面的解决方案。首先通过对档案管理的基本概念和信息安全的核心原则的深入分析，我们力求揭示当前管理实践中存在的主要挑战，包括信息泄露、篡改和丢失等风险。本书将重点关注如何运用先进的技术保障措施来强化档案管理中的信息安全，涵盖信息技术的应用、安全技术的实施以及相关的技术标准与规范，这些分析旨在为从业人员提供实用的操作指导和技术支持。最后还将探讨有效的管理策略，包括组织架构、制度建设、流程管理和风险控制，帮助组织优化档案管理实践，从而提升信息安全水平。通过提高相关人员的认知和技能，本书希望能够为组织的持续发展和信息资产保护提供坚实的基础。

本书共分为六章，全面探讨档案管理与信息安全的各个方面。第一章介绍了档案管理和信息安全的基础概念，包括档案管理的发展历程、信息安全的基本理论以及两者的融合现状。这一部分为后续章节奠定了理论基础。第二章深入分析了档案管理中的信息安全风险，具体探讨了信息泄露、篡改、丢失及其他相关风险，识别了这些风险的潜在来源和影响，为风险管理提供了重要的视角。第三章重点讨论了技术保障，探讨了信息技术在档案管理中的应用及其安全技术的实施，包括相关的技术标准和规范。这一章为技术层面的防护措施提供了具体的指导。第四章则围绕管理策略展开，分析了档案管理与信息安全的组织架构、制度建设、流程管理及风险控制策略，提出了完善管理体系的建议。第五章关注人员素质与文化建设，探讨了档案管理与信息安全中对人员素质的要求、人才队伍的建设以及企业文化的塑造。这一章强调了人力资源在信息安全中的关键作用。最后，第六章展望了未来的发展趋势，分析了档案管理与信息安全面临的挑战与机遇，并提出了相应的发展策略与建议，展望未来可能的发展方向。每章均结合实际案例和数据分析，提供了深刻的见解和切实可行的建议，旨在为读者提供全面的理论支持和实用指导。

　　本书在档案管理与信息安全的研究中具有重要的理论和实践意义。首先通过对档案管理和信息安全的基础概念、风险因素、技术保障及管理策略的全面分析，本书旨在提升相关领域从业人员的专业理解和知识水平。随着信息化的迅猛发展，档案管理面临的挑战越来越复杂，而且信息安全的威胁也愈加严峻。本书为读者提供了系统的框架，从理论上帮助他们更好地掌握档案管理与信息安全的内在联系与影响。书中结合实际案例和数据分析，为从业人员提供了切实可行的参考和指导。一方面通过对当前现状的深入剖析，读者能够清晰识别出在工作中可能遇到的风险与挑战；另一方面提出的应对策略和解决方案，将帮助他们在实践中更有效地实施档案管理和确保信息安全。这对于提升组织的运营效率与风险防控能力，无疑具有积极的促进作用。本书展望了档案管理与信息安全的未来发展趋势，使读者对行业的前沿动态和潜在机遇有了更明确的认识。在不断变化的环境中，掌握技术革新和管理创新的方向，对于组织在竞争中保持优势至关重要。最后，通过倡导文化建设和人员素质提升，本书也呼吁行业对人才培养的重视，强调人力资源在信息安全管理中的重要性。

目 录

- 第一章 档案管理基础与信息安全概述 ········· 1
  - 第一节 档案管理的定义与发展 ········· 1
  - 第二节 信息安全的基本概念 ········· 10
  - 第三节 档案管理与信息安全的融合 ········· 20
  - 第四节 国内外档案管理与信息安全现状分析 ········· 29

- 第二章 档案管理中的信息安全风险 ········· 40
  - 第一节 档案管理中的信息泄露风险 ········· 40
  - 第二节 档案管理中的信息篡改风险 ········· 46
  - 第三节 档案管理中的信息丢失风险 ········· 55
  - 第四节 档案管理中的其他信息安全风险 ········· 64

- 第三章 档案管理与信息安全的技术保障 ········· 73
  - 第一节 信息技术在档案管理中的应用 ········· 73
  - 第二节 信息安全技术在档案管理中的实施 ········· 81
  - 第三节 档案管理与信息安全的技术标准与规范 ········· 90
  - 第四节 档案管理与信息安全的技术培训与支持 ········· 98

- 第四章 档案管理与信息安全的管理策略 ········· 107
  - 第一节 档案管理与信息安全的组织架构 ········· 107
  - 第二节 档案管理与信息安全的制度建设 ········· 116
  - 第三节 档案管理与信息安全的流程管理 ········· 124

第四节　档案管理与信息安全的风险管理 …………………… 132

第五章　档案管理与信息安全的人员素质与文化建设 ………… 141

第一节　档案管理与信息安全的人员素质要求 …………… 141
第二节　档案管理与信息安全的人才队伍建设 …………… 150
第三节　档案管理与信息安全的企业文化塑造 …………… 158
第四节　档案管理与信息安全的社会责任与伦理规范 …… 166

第六章　档案管理与信息安全的未来展望 ……………………… 174

第一节　档案管理与信息安全的发展趋势 ………………… 174
第二节　档案管理与信息安全面临的挑战与机遇 ………… 182
第三节　档案管理与信息安全的发展策略与建议 ………… 189
第四节　档案管理与信息安全的未来愿景与期待 ………… 197

结　　语 …………………………………………………………… 206

参考文献 …………………………………………………………… 207

第一章

档案管理基础与信息安全概述

第一节 档案管理的定义与发展

一、档案管理的历史沿革

档案管理作为一种记录和保存信息的活动,源远流长。无论是在古代还是现代,档案管理都在不断演变,以适应不同历史阶段的需求。古代人类使用纸莎草、竹简等原始材料记录重要信息,奠定了早期档案管理的基础。中世纪时,文书管理经历了教会和王室的初步规范,逐步发展出更加系统化的管理方法。进入近现代,随着工业化和社会发展的推进,档案管理逐渐趋向规范化和法制化,各国开始制定专门的档案法规,成立了专业的档案管理机构。近年来,信息技术的迅猛发展对档案管理产生了深刻的影响,从纸质档案到数字档案的转变,不仅提高了档案管理的效率,也开辟了档案管理的新局面,了解这些历史沿革对于掌握档案管理的现状和未来发展具有重要意义。

(一) 古代档案管理实践

古代档案管理实践体现了早期人类对记录和保存信息的需求,在古埃及,纸莎草是主要的记录材料,人们将其加工成纸莎草纸,用于记录商业交易、法律文书等重要信息。这些文献不仅用于行政管理,也具有深远的历史和文化价值。在古中国,竹简和木简成为主要的档案载体。这些简牍在春秋战国时期广泛使用,如《孙子兵法》就是在竹简上记载的。这些古代档案的保存方法虽然简陋,却为后来的档案管理奠定了基础。例如,古代中国的《史记》在竹简上记录了大量的历史事件和人物,直到今日依然是重要的历史资料来源。

（二）中世纪档案管理

中世纪档案管理经历了文书管理的显著演变，在欧洲中世纪，档案的管理主要集中在教会和王室机构。这一时期的档案管理主要依靠手工抄写和装订，记录了大量的宗教、法律和行政文书。例如，修道院的档案库通常存放着大量的宗教文献和教会法令。王室则通过设立专门的档案保管机构来管理重要的法律文书和政务文件，如英国的《大宪章》就是在这一时期形成的重要档案。这一阶段的档案管理逐渐开始注重文书的分类和保存，但仍以手工记录为主。

（三）近现代档案管理

近现代档案管理的发展标志着档案法的出现和管理规范化，在19世纪，随着工业化进程的推进和信息量的急剧增加，各国开始制定档案管理法规。例如，德国在1871年颁布了《档案法》，正式确立了档案管理的法律框架。现代档案馆和档案管理体系开始建立，强调档案的分类、保存和利用。档案管理逐步从以纸质档案为主转向建立系统的档案管理机构，这些机构负责对档案进行标准化的管理，确保档案的长期保存和有效利用。例如，美国国家档案馆的建立，标志着档案管理的规范化和专业化。

（四）信息技术影响下的档案管理变革

信息技术的迅猛发展对档案管理产生了深远的影响，从20世纪末开始，计算机技术和互联网的普及彻底改变了档案管理的方式。电子档案的出现使得档案存储、检索和管理变得更加高效和便捷。例如，数字档案管理系统的应用，使得档案的存储空间大大减少，检索速度显著提高。数据库技术的应用进一步提高了档案管理的智能化水平，方便了档案的分类、搜索和共享。大数据分析和云计算技术的引入，也为档案管理带来了更多的可能性，使得档案管理不仅限于传统的纸质档案，而是进入了一个信息化、智能化的新时代。

档案管理的发展经历了从古代到现代的多次演变，古代的档案管理实践为后来的记录和保存方法奠定了基础。中世纪的文书管理体现了初步的系统化趋势，而近现代的档案法和管理规范化则标志着档案管理的成熟与制度化。进入信息技术时代后，档案管理发生了深刻变革，电子化、智能化的技术应用极大地提升了管理效率和便捷性。每一阶段的发展不仅反映了当时社会技术水平的进步，也为我们今天的档案管理实践提供了宝贵的经验和启示。理解这些历史沿革，有助于我们更好地应对当下的挑战，并把握未来的发展机遇。

二、档案管理的现代意义

在信息化和数字化快速发展的当下，档案管理的现代意义愈发显著。档案不仅仅是历史记录的简单堆砌，它在组织运营、法律合规、历史研究以及信息共享等方面发挥着关键作用。有效的档案管理不仅帮助企业和机构做出科学决策，确保法律合规，促进历史研究，还在信息资源的共享和利用上提供了重要支持。通过系统化、科学化的档案管理，组织能够在复杂的环境中更好地应对挑战，提升运营效率，推动业务发展，保护历史遗产，促进社会进步。下面将探讨档案管理在组织决策、法律合规、历史研究和信息共享中的多重作用，以揭示其在现代社会中的核心地位和价值。

（一）档案管理在组织决策中的作用

档案管理在组织决策中扮演着至关重要的角色，现代企业和机构在制定战略决策时，需要依赖大量的历史数据和文件，以了解过往的业务情况、市场趋势以及内部运营状况。系统化的档案管理能够确保这些信息的准确性、完整性和可追溯性，从而为决策提供可靠的依据。例如，一家跨国公司在计划扩展新市场时，可以通过对以往市场调查报告和销售数据的分析，洞察市场变化和客户需求，从而制定更为精准的市场进入策略。良好的档案管理不仅能提高决策的科学性和有效性，还能减少因信息缺失或错误导致的决策风险，帮助组织在复杂多变的商业环境中保持竞争优势。

（二）档案管理对法律与合规性的影响

档案管理对法律与合规性的影响不可忽视。在现代社会，法律法规对企业和机构的档案管理提出了严格的要求，例如数据保护法、财务审计要求等。有效的档案管理系统能够帮助组织遵守这些法规，避免因档案管理不善而导致的法律风险。比如根据《通用数据保护条例》，企业需要妥善管理和保护个人数据，以防止数据泄露和滥用。档案管理系统通过实施数据加密、访问控制和记录保存等措施，确保数据安全和隐私保护，从而帮助企业符合相关法律要求，避免法律诉讼和罚款。规范的档案管理也便于在审计和检查过程中提供所需的证据和记录，增强组织的法律合规性。

（三）档案管理与历史研究的关系

档案管理与历史研究之间有着紧密的联系，历史研究依赖于大量的档案资料，这些资料提供了历史事件、社会变迁和文化发展的第一手证据。系统的档案管理确保了这些珍贵资料的保存和保护，使得历史研究人员能够访问和分析这些数据。例如国家档案馆保存了大量的政府文件、社会记录和个人档案，这些档案为历史学家研究历史事件提供了重要的信息源。通过有效的档案管理，历史研究不仅能从中发现新的历史细节，还能对历史事件进行更为深刻的分析和解读，推动学术研究的进步，并使历史遗产得以传承和发扬。（见图1-1-1）

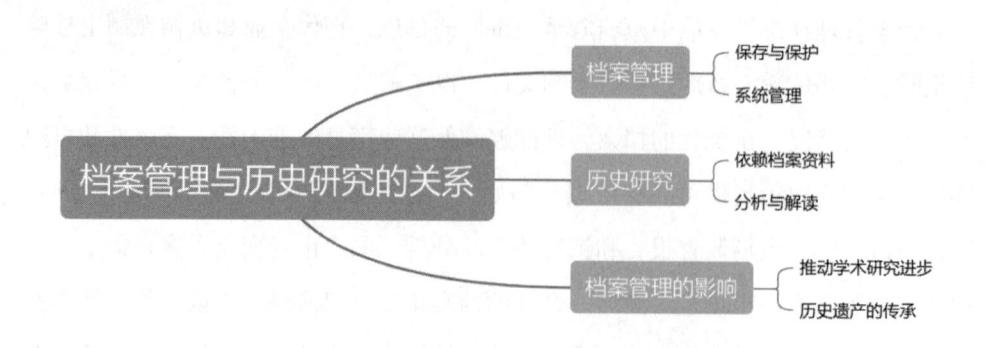

图1-1-1　档案管理与历史研究的关系思维导图

（四）档案管理对信息资源共享的支持

档案管理在信息资源共享中发挥了重要作用，随着信息化进程的推进，各类机构和组织之间的信息共享需求日益增加。一个高效的档案管理系统能够促进信息的整合和共享，打破信息孤岛。例如，政府部门通过建立统一的档案管理平台，实现不同部门间的信息共享和协同办公。这不仅提高了工作效率，还优化了公共服务。例如，在医疗领域，不同医院通过共享病历档案，实现了患者信息的快速传递和医疗资源的高效利用。有效的档案管理使得信息资源可以被更好地利用和共享，提升了组织间的协作能力和信息透明度，推动了跨部门、跨行业的合作和发展。

档案管理在现代社会中具有多方面的重要意义，它为组织决策提供了精准的数据支持，通过对历史记录和业务数据的系统化管理，帮助决策者做出更为科学和有效的决策。在法律与合规方面，档案管理不仅是遵守法规的基础，还能有效降低法律风险，保护企业和组织免受不必要的法律纠纷。再次，档案管理与历史研究密不可分，为历史学者提供了研究所需的第一手资料，推动了对历史事件的深入分析和理解。高效的档案管理支持信息资源的共享和整合，优化了跨部门和跨行业的合作，提高了信息透明度和资源利用效率。科学和规范的档案管理不仅提升了组织的整体效率和法律合规性，还促进了历史研究和信息共享，为现代社会的持续发展和进步做出了重要贡献。

三、档案管理的发展趋势

在数字化时代的推动下，档案管理正在经历深刻的变革。从纸质档案向电子档案的转型、与大数据技术的结合、到智能化和自动化管理技术的应用，再到全球化背景下的标准化需求，这些趋势不仅提升了档案管理的效率和安全性，也为信息处理和决策提供了全新的可能性，理解这些发展趋势对于确保档案管理系统的现代化和有效性至关重要。

（一）数字化档案管理的普及

数字化档案管理已成为现代档案管理的主要趋势，随着信息技术的快速发展，传统的纸质档案逐步转向电子化，这不仅提高了档案的存储效率，还大幅提升了档案的检索和管理能力。数字化档案管理使得大量纸质档案可以通过扫描、光学字符识别技术转换为电子文档，存储在数据库或云存储系统中。比如某大型银行通过数字化档案管理，将数百万份客户档案转移至电子系统，极大地减少了物理空间的占用，并使档案的查找和共享变得更加迅速和便捷。数字化还使得档案能够被更好地备份和保护，降低了因纸质档案丢失或损坏带来的风险，提高了档案的安全性和可持续性。

（二）档案管理与大数据的结合

档案管理与大数据的结合为信息的分析和决策提供了新的可能性，大数据技术可以处理和分析大量的档案数据，提取有价值的信息和趋势，为组织的决策提供深刻的洞察。例如，通过数据挖掘和分析技术，医疗机构可以从大量的患者记录中识别出潜在的健康趋势和风险，从而优化治疗方案和资源分配。大数据分析不仅能够帮助组织更好地理解过去的操作，还可以预测未来的趋势，提高决策的准确性和前瞻性。大数据平台的应用使得档案数据可以实时更新和分析，提高了信息的时效性和决策的响应速度，推动了业务流程的优化和创新。

（三）智能化与自动化管理技术的应用

智能化和自动化技术的应用正在彻底改变档案管理的方式。借助人工智能、机器学习和机器人流程自动化等技术，档案管理变得更加高效和智能。例如，人工智能可以自动分类和标签化档案，机器学习可以根据使用模式优化档案的存储和检索，而机器人流程自动化可以自动执行重复性的档案处理任务，如文件归档和数据录入。一个具体的例子是某政府机构采用智能化档案管理系统，通过人工智能技术自动分析和处理数百万份公文，大幅提高了档案处理的速度和准确性。这些技术的应用还减少了人工干预，提高了操作的一致性和效率，使得档案管理更加智能化和自动化。（见表1-1-1）

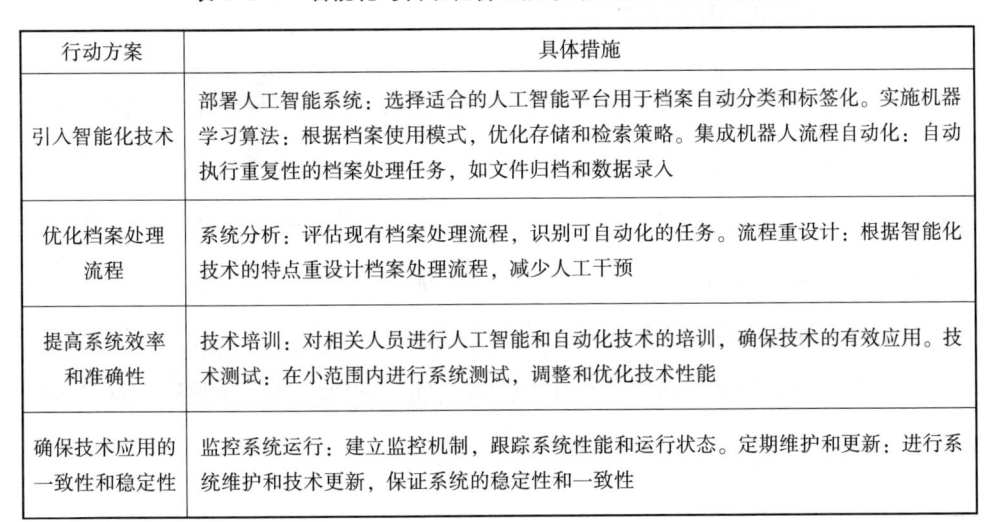

表 1-1-1　智能化与自动化管理技术的应用行动方案及措施

行动方案	具体措施
引入智能化技术	部署人工智能系统：选择适合的人工智能平台用于档案自动分类和标签化。实施机器学习算法：根据档案使用模式，优化存储和检索策略。集成机器人流程自动化：自动执行重复性的档案处理任务，如文件归档和数据录入
优化档案处理流程	系统分析：评估现有档案处理流程，识别可自动化的任务。流程重设计：根据智能化技术的特点重设计档案处理流程，减少人工干预
提高系统效率和准确性	技术培训：对相关人员进行人工智能和自动化技术的培训，确保技术的有效应用。技术测试：在小范围内进行系统测试，调整和优化技术性能
确保技术应用的一致性和稳定性	监控系统运行：建立监控机制，跟踪系统性能和运行状态。定期维护和更新：进行系统维护和技术更新，保证系统的稳定性和一致性

（四）全球化背景下的档案管理标准化

在全球化背景下，档案管理标准化成为跨国企业和国际组织的重要需求。不同国家和地区对档案管理有不同的标准和规范，为了确保全球业务的协调和合规，跨国公司需要采用统一的档案管理标准。例如 ISO 15489 国际标准为档案管理提供了通用的框架和指导，帮助组织在全球范围内建立一致的档案管理流程和操作规范。通过标准化，企业可以在不同地区的业务运营中实现档案管理的一致性，确保信息的准确性和完整性。标准化还便于跨国企业在进行国际合作和数据交换时，维护信息的兼容性和安全性，促进全球业务的高效运作和合规管理。

随着数字化技术的发展，档案管理正朝着更加高效和智能化的方向迈进。数字化档案管理不仅提高了存储和检索效率，还增强了档案的安全性。大数据的结合则为信息分析和决策提供了强有力的支持，使组织能够更好地预测趋势和优化资源配置。智能化与自动化技术的应用进一步提升了档案管理的效率和准确性，减少了人工干预。全球化背景下的档案管理标准化则促进了跨国企业的协调与合规。总体来看，这些趋势共同推动了档案管理领域的现代化进程，确保了信息处理的高效性和安全性。

四、档案管理面临的挑战

档案管理作为信息管理的重要组成部分,在数字化时代面临诸多挑战。这些挑战不仅仅是技术性的,还涉及法律、管理和组织方面的问题。随着数字技术的不断进步,档案管理的方式和手段也在不断变化。然而这种变化带来了新的问题,例如信息安全和隐私保护、技术更新的适应性、长期存储的难题以及法规政策的变动等。这些问题要求组织在实施和维护档案管理系统时,既要关注技术的先进性,又要考虑合规性和实际操作中的复杂性。有效应对这些挑战,对于确保档案管理系统的稳定性、可靠性和合规性至关重要。

(一)信息安全与隐私保护问题

在档案管理的数字化进程中,信息安全与隐私保护成为首要挑战。数字化档案虽然提高了存储和检索效率,但也带来了信息泄露和网络攻击的风险。[1] 为了保护敏感数据,企业和机构需要实施严格的安全措施,如加密技术、防火墙和多因素认证。例如,某金融机构在实施电子档案系统时,采取了端到端加密技术来确保客户数据的安全。信息安全还要求定期进行安全审计和漏洞检测,以识别和修补潜在的安全隐患。隐私保护法规要求组织在处理个人数据时必须遵守特定的隐私保护标准,包括用户的知情权和访问权。若未能妥善管理这些问题,将会面临法律责任和信誉损害的风险。因此,确保信息安全和隐私保护是数字化档案管理系统成功实施的关键。

(二)技术更新带来的适应性问题

技术的快速发展为档案管理带来了诸多便利,但也带来了适应性问题。新技术的不断出现要求组织不断更新和升级其档案管理系统,否则可能导致系统过时或不兼容。举例来说,某大型医院在实施新的电子健康记录系统时,面临旧系统

---

[1] 王璐. 大数据背景下档案管理信息安全问题及对策分析 [J]. 商业 2.0(经济管理),2021(8):93-94.

数据迁移和兼容的问题。为了应对这一挑战，该医院必须投资于技术培训，并调整工作流程以适应新系统的功能。技术更新还要求组织及时评估新技术的有效性和适用性，避免盲目跟风。适应性问题不仅涉及技术上的挑战，还包括员工对新系统的接受度和适应能力。因此，组织在面对技术更新时需要制订详尽的迁移计划和培训方案，以确保平稳过渡。

（三）档案保存与长期存储的难题

档案保存与长期存储是档案管理中的另一大难题，数字化档案虽然减少了物理空间的占用，却面临着数据老化和存储介质失效的问题。例如某研究机构在将纸质档案数字化后，发现其数据存储设备在几年内就出现了老化现象，导致部分数据难以恢复。因此，长期存储策略需要考虑数据备份、冗余存储以及定期迁移到更新的存储介质。组织需要建立系统的备份计划，并采取数据冗余和灾难恢复措施，以确保档案在长期存储过程中不会丢失或损坏。档案格式的兼容性问题也需关注，因为老旧的文件格式可能在未来变得不可读。长期存储的挑战不仅仅是技术问题，还涉及管理和资金的投入。

（四）法规与政策变动对档案管理的影响

法规与政策的变动对档案管理的影响不可忽视，各国和地区对档案管理有不同的法规和政策要求，随着法规的不断更新，组织需要不断调整其档案管理流程以确保合规。例如在欧盟实施通用数据保护条例后，许多跨国企业必须重新审视其数据处理和存储方式，以符合新法规的要求。这不仅增加了合规成本，还可能导致档案管理流程的全面变更。法规变动还可能影响到档案的保留期限和销毁要求。例如某公共部门在法规更新后，需将部分档案的保留期限延长，导致其需要调整存储和管理策略。组织在面对法规变动时，需保持对相关法规的敏感性，及时进行合规评估和调整，以避免法律风险和罚款。（见表 1-1-2）

表 1-1-2　法规与政策变动对档案管理的影响观点总结

观点	总结
法规变动增加合规成本	法规和政策的变动会导致组织需要重新审视和调整档案管理流程，以确保符合新的法规要求
法规影响档案保留和销毁要求	法规变动可能会改变档案的保留期限和销毁要求，导致组织需要重新制定存储和管理策略
需要保持对法规的敏感性	组织必须对相关法规的变动保持高度敏感性，及时了解新法规要求，以进行必要的合规评估和调整。这样可以避免法律风险和潜在的罚款
合规评估和调整的必要性	为了应对法规变动带来的挑战，组织应建立常规的合规评估机制，定期检查和更新档案管理流程，确保所有操作符合最新的法律和政策要求

档案管理在数字化进程中面对的挑战主要集中在信息安全与隐私保护、技术更新的适应性、长期存储问题以及法规与政策的变动四个方面，信息安全和隐私保护要求实施严格的安全措施，如加密技术和多因素认证，以防止数据泄露和网络攻击。技术更新则需要组织不断进行系统升级和员工培训，以适应新技术带来的变化。长期存储问题则涉及数据备份、冗余存储以及存储介质的更新，确保档案不因技术老化而丢失。法规与政策的变动则要求组织随时调整管理流程，以保持合规。档案管理的有效实施需要综合考虑技术、管理和法律等多个方面，制定详细的策略以应对各类挑战。

第二节　信息安全的基本概念

一、信息安全的定义

信息安全是现代社会中至关重要的领域，涉及对信息资产的保护，以确保其在各种环境和条件下的机密性、完整性和可用性。随着数字化和信息技术的迅速发展，信息安全的重要性日益突出。为有效应对不断演变的安全威胁，理解信息安全的核心概念、目标与原则、标准与框架以及相关术语与定义是至关重要的。这些基础知识构成了信息安全管理的基石，为组织建立全面的信息安全策略和实施措施提供了理论支持和实践指导。

（一）信息安全的核心概念

信息安全的核心概念包括保护信息的机密性、完整性和可用性。这三者合称为信息安全的 CIA 三原则，是信息安全的基础。①机密性指的是确保信息只有授权人员可以访问，防止未经授权的访问和泄露。例如银行的客户账户信息只有授权的银行员工才能查看，确保客户数据不被泄露。②完整性则是确保信息在存储、处理和传输过程中未被篡改或损坏。举例来说，电子邮件的内容在发送过程中不应被篡改或丢失，以保持信息的准确性。③可用性是指确保信息和系统在需要时能够访问和使用。比如企业的内部系统在正常工作时间内应该保持正常运作，以支持员工的日常工作。信息安全的核心概念不仅涉及技术措施，还包括管理和流程控制，以全面保护信息资产免受各种威胁。

（二）信息安全的目标与原则

信息安全的主要目标是保护信息资源免受损害，并确保信息的机密性、完整性和可用性。机密性的目标是防止信息被未经授权的人员访问，确保敏感信息不被泄露。完整性的目标是保护信息不被非法或意外地篡改，确保信息在传输和存储过程中的准确性和可靠性。可用性的目标则是确保合法用户在需要时能够顺利访问信息，防止因系统故障或攻击而造成的服务中断。为了实现这些目标，信息安全的原则包括：最小权限原则（只赋予用户执行其工作所需的最低权限），分层防御原则（在多个层面实施安全措施以增强防护效果），以及审计与监控原则（定期检查和监控系统活动以识别潜在的安全问题）。这些原则帮助组织建立起有效的信息安全管理体系，保障信息资产的安全。

（三）信息安全的标准与框架

信息安全标准与框架为信息安全管理提供了结构化的方法和指导。国际标准化组织 27001 是最广泛认可的信息安全管理标准之一，它提供了一个系统化的框架，帮助组织建立、实施、维护和持续改进信息安全管理体系。国际标准化组织

27001包括了风险评估、控制措施、审计和管理审核等关键要素，旨在帮助组织应对各种信息安全风险。国家标准与技术研究所提供了网络安全框架，它为组织提供了详细的指南来管理和降低信息安全风险，包括识别、保护、检测、响应和恢复等核心功能。通过遵循这些标准和框架，组织能够系统地管理信息安全，提升其应对安全威胁的能力，并确保符合相关法规和行业标准。（见图1-2-1）

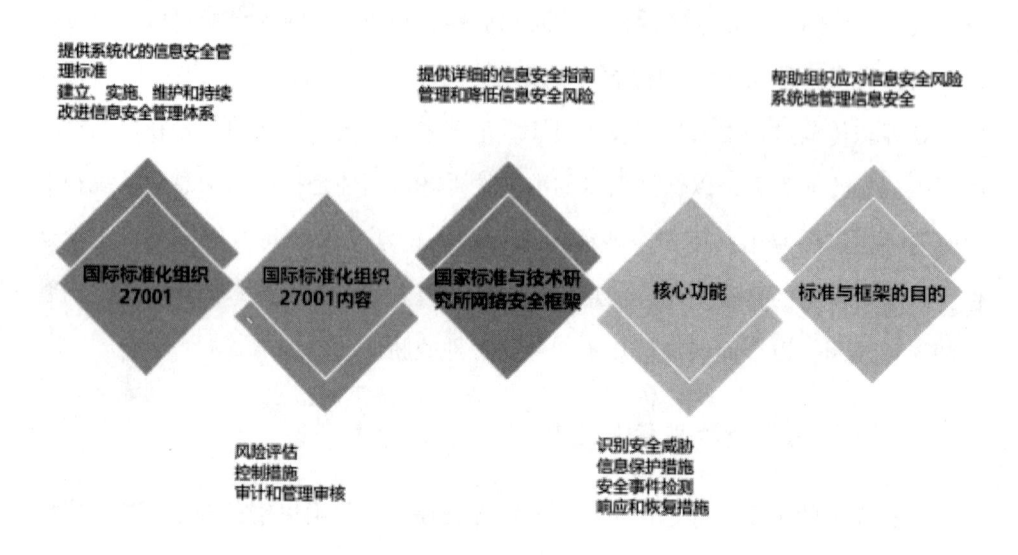

图1-2-1 信息安全的标准与框架流程图

（四）信息安全的术语与定义

信息安全领域有许多术语和定义，这些术语帮助描述和理解信息安全的各个方面，漏洞是指系统中存在的弱点或缺陷，可能被攻击者利用来破坏信息安全。例如软件中的安全漏洞可能被黑客利用来入侵系统。威胁指的是可能对信息资产造成损害的潜在因素，如恶意软件、网络攻击或自然灾害。风险是指威胁利用漏洞可能导致的信息安全事件的可能性及其影响。安全控制是指采取的措施或技术，旨在减少风险和保护信息资产。例如防火墙和入侵检测系统是常见的安全控制措施。这些术语帮助组织准确地描述信息安全问题，并制定针对性的策略来保护信息资产。通过了解和使用这些术语，组织可以更好地管理信息安全风险，并提升信息安全管理的效果。

信息安全的核心概念包括保护信息的机密性、完整性和可用性，这三者是确保信息不被泄露、篡改或丢失的基础。实现这些目标依赖于一系列的原则，如最小权限原则和分层防御原则，这些原则帮助组织系统地管理信息安全风险。信息安全的标准与框架，如国际标准化组织 27001 和国家标准与技术研究所网络安全框架，为组织提供了结构化的管理方法，指导其建立和维护有效的安全管理体系。了解相关的术语和定义，如漏洞、威胁和风险，能够帮助组织更准确地识别和应对信息安全挑战。全面掌握这些基本概念和方法是实现信息安全管理目标的关键，能够帮助组织保护其信息资产，提升抵御安全威胁的能力。

二、信息安全的重要性

在当今信息化社会，信息安全已成为各个层面不可忽视的重要议题。随着数据和信息技术的广泛应用，个人隐私、企业运营、国家安全及法律法规遵循等多个方面都受到信息安全的深远影响。个人隐私的保护直接关乎每个人的生活质量和安全；企业的运营效率和稳定性受到信息安全措施的保障；国家的安全和稳定同样依赖于健全的信息安全体系；遵循相关法律法规也是组织合法运营的基本要求。理解信息安全在这些领域中的重要性，有助于我们更加全面地认识和应对信息时代的挑战，从而确保个人、企业和国家的安全和稳定。

（一）对个人隐私保护的作用

信息安全在保护个人隐私方面发挥着至关重要的作用，个人隐私涉及个人的基本信息，如身份、健康状况、财务状况和通信记录等，这些信息一旦泄露，可能导致身份盗用、财务损失或个人声誉受损。通过实施信息安全措施，如数据加密、访问控制和身份验证，个人信息可以得到有效保护。例如银行通过加密技术保障客户的账户信息不被黑客获取，防止未经授权的访问。信息安全还通过防止恶意软件和网络钓鱼攻击来保护个人隐私，确保敏感信息在传输和存储过程中不被窃取。随着数据泄露事件频发，信息安全的强化不仅能保护个人隐私，也能增强公众对数字化服务的信任，从而维护社会的整体安全与稳定。

（二）对企业运营的影响

信息安全对企业运营具有直接而深远的影响，企业依赖信息系统进行日常运营、客户服务和决策支持，信息安全事件，如数据泄露、系统崩溃或网络攻击，可能导致业务中断、财务损失和品牌声誉受损。例如 2020 年某大型企业因数据泄露事件导致客户数据大规模泄漏，结果不仅面临巨额罚款，还遭遇了客户信任的严重打击。良好的信息安全实践能够保障企业的数据完整性和系统可用性，提升业务连续性，并保护企业的知识产权和竞争优势。通过实施综合的信息安全管理体系，企业能够有效识别和应对潜在的安全威胁，确保业务运作的稳定性与安全性，从而在竞争激烈的市场中保持领先地位。

（三）对国家安全的贡献

信息安全对于国家安全具有重要的战略意义，国家安全不仅包括防范外部的军事威胁，还涉及保护关键信息基础设施、经济安全和社会稳定。网络攻击、信息战和数据泄露等安全事件可能对国家的关键领域造成严重影响。例如某些国家的关键基础设施，如电力网和金融系统，可能成为网络攻击的目标，这类攻击不仅威胁到国家的经济安全，还可能对社会秩序产生负面影响。加强信息安全能够有效防范和应对这些威胁，保护国家的核心利益。国家级的信息安全策略和标准，如网络安全法和国家信息安全战略，能够指导和协调各部门的安全工作，确保国家整体安全体系的有效运作。

（四）对法律法规遵循的必要性

信息安全在法律法规遵循中起着至关重要的作用，随着数据保护和隐私相关法规的不断完善，各国政府对信息安全的要求越来越严格。例如欧盟的《通用数据保护条例》规定了严格的数据保护标准，违反这些法规可能导致企业面临巨额罚款和法律诉讼。遵守这些法律法规不仅是合规的要求，也是企业诚信和社会责任的体现。实施有效的信息安全措施有助于企业符合数据保护法律，防止因数据泄露或隐私侵犯而产生的法律风险。通过建立健全的信息安全管理体系，组织能够确保其操作符合相关法律要求，从而避免法律纠纷，并提升公众对企业的信任度。法律法规的遵循不仅保护了个人和企业，也推动了信息安全行业的发展和标准的提升。

信息安全在多个关键领域中发挥着核心作用，它保护个人隐私，确保个人信息不被泄露或滥用，从而维护个人的生活质量和安全。信息安全对企业运营至关重要，通过保障信息系统的稳定性和数据的完整性，帮助企业避免业务中断和财务损失，维持其市场竞争力。信息安全对国家安全也具有深远的影响，通过防范网络攻击和保护关键信息基础设施，确保国家的经济安全和社会稳定。信息安全还是遵循法律法规的必要条件，通过实施有效的信息保护措施，组织能够符合法律要求，降低法律风险，并增强公众对其的信任。信息安全的全面保障不仅对个人、企业和国家的安全至关重要，也促进了社会的整体稳定与发展。

三、信息安全的威胁类型

在数字化时代，信息安全面临着多种复杂而严峻的威胁。了解和识别这些威胁对于有效保护信息资产至关重要。信息安全的威胁类型可以大致分为网络攻击、内部威胁、物理安全威胁和社会工程学攻击。网络攻击通过恶意软件如病毒、木马和勒索软件对系统进行破坏；内部威胁则源于组织内部人员的不当行为或故意的恶意行为；物理安全威胁包括设备的损坏与盗窃，这些威胁直接影响到硬件设备的安全；社会工程学攻击利用心理操控手段，如钓鱼攻击和诈骗，诱使目标泄露信息或执行有害操作。深入了解这些威胁的特征和影响，有助于制定更加有效的信息安全防护策略，保护个人、企业和组织的信息资产免受潜在风险。

（一）网络攻击

网络攻击是信息安全威胁中最常见且最具破坏性的类型，病毒、木马和勒索软件是三种主要的网络攻击形式。病毒是一种能够自我复制并感染其他文件或系统的恶意程序。[①] 它通常通过电子邮件附件、下载链接或被感染的设备传播，一旦运行，会对计算机系统造成严重的破坏。举例来说，2000年的"ILOVEYOU"病毒通过电子邮件传播，感染了全球数以百万计的计算机，导致大量数据丢失和系统崩溃。木马是一种伪装成合法程序的恶意软件，它不会自我复制，但会在受

---

① 郝晓攀. 档案管理中的信息安全问题及其解决方案探析 [J]. 兰台内外, 2023 (35): 1-3.

害者的计算机上悄悄安装，然后窃取敏感信息或给攻击者提供远程控制权。勒索软件是一种加密受害者文件并要求赎金的恶意软件。攻击者通常会通过恶意邮件附件或下载链接传播勒索软件，一旦感染，会加密系统中的文件并要求支付赎金才能恢复访问权限。

（二）内部威胁

内部威胁指的是由组织内部人员或合作伙伴引发的安全问题，这种威胁的影响通常较难察觉但极具破坏性，主要包括数据泄露和数据滥用两种形式。数据泄露指的是敏感信息从组织内部无意或恶意地流出。例如某金融机构的员工可能因操作不当或故意行为将客户的个人财务信息泄露给竞争对手或不法分子。2018年，某大型银行因内部员工滥用权限，导致大量客户信息被泄露，给客户带来了严重的隐私风险。数据滥用则涉及内部人员未按照规定使用数据，如擅自访问、修改或删除敏感信息。例如一名有权访问公司数据库的员工可能将商业秘密转给竞争对手以谋取个人利益。这种行为不仅可能导致经济损失，还可能损害组织的信誉。

（三）物理安全威胁

物理安全威胁指的是对信息系统硬件的直接攻击或破坏，可能导致数据丢失、系统瘫痪或隐私泄露。主要包括设备损坏和盗窃。设备损坏可能由于自然灾害（如洪水、火灾）、人为破坏（如故意损坏）或设备老化引起。例如2019年某数据中心因火灾导致大量服务器损毁，造成了客户数据丢失和业务中断。为防止此类事件，组织应采取备份和灾难恢复预案，以保障数据的安全性和可用性。设备盗窃则涉及物理设备的被盗，如笔记本电脑、服务器或移动存储设备的丢失或被窃取。这类事件常常导致敏感信息的泄露。例如某企业的员工在旅行期间丢失了装有客户数据的笔记本电脑，结果数据被不法分子获取，导致了信息泄露和财务损失。

（四）社会工程学攻击

社会工程学攻击利用心理操控和欺诈手段，诱使目标泄露敏感信息或执行有害操作，主要包括钓鱼攻击和诈骗。钓鱼攻击是一种通过伪造的电子邮件、短信或网站欺骗受害者，诱使其提供个人信息或点击恶意链接。例如攻击者可能发送伪造的银行通知邮件，要求受害者输入账户信息。2016年，某大型公司遭遇钓鱼攻击，导致员工账户信息被窃取，给公司带来了严重的财务损失和安全风险。诈骗则利用虚假信息或承诺欺骗受害者，骗取金钱或敏感信息。例如攻击者可能伪装成公司的高层，通过虚假的紧急请求欺骗财务人员转账。2018年，一家企业的财务部门因为钓鱼邮件而误将一大笔钱转账给了诈骗者，造成了重大经济损失。

信息安全威胁类型的多样性和复杂性要求对每种威胁保持高度警惕，网络攻击通过病毒、木马和勒索软件等手段对信息系统进行破坏，可能导致数据丢失和系统瘫痪；内部威胁则涉及员工或合作伙伴的不当行为，如数据泄露和滥用，可能对组织内部的敏感信息造成严重影响；物理安全威胁如设备损坏和盗窃直接影响到硬件的完整性和数据的安全性，需通过物理保护措施和备份方案来应对；而社会工程学攻击则通过钓鱼攻击和诈骗等手段，利用人们的心理漏洞获取敏感信息。综合了解这些威胁及其防护措施，有助于建立全面的信息安全策略，增强对各类威胁的防御能力，从而保护信息资产的机密性、完整性和可用性。

四、信息安全与档案管理的关系

在数字化时代，信息安全与档案管理的关系变得尤为重要。档案作为组织运营和决策的重要依据，其保密性和完整性直接影响到个人隐私和企业安全。随着信息技术的不断发展，档案管理不仅要面对传统的物理存储挑战，还必须应对日益复杂的数字信息保护问题。有效的信息保密要求、先进的信息安全技术、科学的风险控制流程和全面的信息安全策略构成了档案管理的核心支撑。这些要素共同作用，确保档案在整个生命周期中的安全与稳定。下面将深入探讨档案管理中的信息保密要求、信息安全技术的应用、风险控制措施以及信息安全策略对档案管理的深远影响。

（一）档案管理中的信息保密要求

在档案管理中，信息保密要求是保护敏感和机密信息免受未经授权访问的核心。档案管理不仅涉及文档的保存，还必须确保这些文件的机密性和完整性。档案管理必须依据法律法规和行业标准，实施严格的保密措施。例如政府机关和金融机构通常要求对机密档案进行加密存储，并限制访问权限。档案的分类和标记至关重要，确保每一份文件按照其保密等级进行处理和存储。比如医疗机构的病历档案需要在严格的保密制度下处理，以防止患者信息泄露，违反隐私保护法律。定期审查和更新保密政策是必须做的，防止因管理不善或技术漏洞导致信息泄露。通过这些措施，档案管理能够有效维护信息的保密性，保护个人隐私和企业机密。

（二）信息安全技术在档案管理中的应用

信息安全技术在档案管理中的应用是确保档案安全和完整性的关键，现代档案管理系统广泛采用各种信息安全技术，如数据加密、访问控制和日志审计。数据加密技术通过对存储在系统中的档案进行加密处理，即使数据被窃取，也无法被未经授权的人员解读。例如许多企业使用加密软件保护合同文件，防止合同条款被非法访问或篡改。访问控制则通过设置权限管理来限制档案的访问，例如只有经过授权的员工才能查看或编辑敏感档案。日志审计技术则记录访问和操作记录，帮助追踪潜在的安全事件和违规行为。例如某企业通过日志审计发现了未经授权的访问尝试，从而及时采取措施防止数据泄露。通过这些技术的应用，档案管理系统能够有效防范各种信息安全威胁，确保档案的安全和完整性。（见表1-2-1）

表1-2-1　信息安全技术在档案管理中的应用实施方案

行动方案	具体措施
实施数据加密技术	选择加密软件：选择适合的加密工具，对存储和传输中的档案进行加密处理。定期更新加密算法：确保加密技术与时俱进，防止被破解
建立访问控制机制	设置权限管理：根据角色和需要，分配不同的访问权限，仅授权员工可以查看或编辑敏感档案。定期审查权限设置：定期检查和更新访问权限，确保权限设置符合最新要求
实施日志审计	启用日志记录：记录所有访问和操作记录，包括登录、修改和删除操作。定期审查日志：定期检查日志，及时发现异常行为或潜在的安全事件，采取必要的防护措施
加强信息安全培训	员工培训：对员工进行信息安全意识培训，讲解数据加密、访问控制和日志审计的重要性及操作方法。培训更新：定期进行安全培训，确保员工掌握最新的安全技术和应对措施

（三）档案管理流程中的风险控制

在档案管理流程中，风险控制是确保档案安全和防止信息泄露的关键环节。档案管理流程通常包括档案的创建、存储、检索和销毁等阶段，每一个阶段都可能存在不同的风险。档案创建阶段需要确保信息的准确性和保密性，例如敏感信息应通过安全渠道录入，并进行加密存储。存储阶段则需对档案进行物理和电子保护，如使用防火、防盗的档案柜以及设置电子存储设备的权限控制。检索阶段涉及对档案访问的管理，确保只有授权人员可以访问相关文件，并记录检索日志。销毁阶段需要确保废弃档案的安全销毁，如采用专业的文档销毁服务，以防信息恢复和泄露。例如某政府部门在销毁过期文件时，采用了碎纸机和数据擦除技术，确保文件信息无法被恢复。通过这些风险控制措施，可以有效降低档案管理过程中潜在的安全隐患，确保档案管理流程的安全性。

（四）信息安全策略对档案管理的影响

信息安全策略对档案管理的影响深远且显著，一个全面的信息安全策略为档案管理提供了系统化的保护框架，确保档案的机密性、完整性和可用性。信息安全策略制定了详细的安全标准和操作规程，例如确定数据加密标准、访问控制要求以及定期审计的频率。举例来说，某跨国公司制定了全面的信息安全策略，要求所有敏感档案必须进行加密存储，并定期进行安全审计，以确保无数据泄露。信息安全策略还会影响档案管理的技术选择和实施，例如选用符合策略要求的档案管理系统和安全工具。信息安全策略还会影响到员工培训和意识提升，确保员工了解并遵守档案管理中的安全要求。例如某机构定期对员工进行信息安全培训，增强他们对档案保密要求的认识和遵守。通过制定和实施信息安全策略，档案管理能够在面临各种威胁时更加从容和有效地保护信息资产。（见表1-2-2）

表 1-2-2 信息安全策略对档案管理的影响观点总结

观点	总结
提供系统化保护框架	信息安全策略制定了全面的安全标准和操作规程，为档案管理提供了系统化的保护框架。这确保了档案的机密性、完整性和可用性。例如数据加密标准和访问控制要求的制定，有助于保护档案不被非法访问或篡改
影响技术选择和实施	信息安全策略决定了档案管理系统和安全工具的选择与实施。策略要求必须符合安全标准，从而选择适当的技术解决方案来保障档案的安全。例如策略可能要求使用符合加密标准的存储系统
推动员工培训和意识提升	制定的信息安全策略还影响员工的培训和意识提升。通过定期的安全培训，员工了解并遵守档案管理中的安全要求，从而增强档案的保密性。例如某机构通过培训提高员工对保密要求的认识和遵守
提高应对威胁的能力	通过制定和实施信息安全策略，档案管理能够更加从容和有效地应对各种威胁。策略提供了明确的操作规程和应急措施，从而提高了对潜在安全事件的响应能力和处理效果

信息安全与档案管理息息相关，彼此交织。档案管理中的信息保密要求确保了敏感信息的保护，信息安全技术的应用提升了数据的安全性和可控性，而科学的风险控制流程则有效地防范了潜在的威胁。信息安全策略为档案管理提供了系统化的保护框架，确保了档案的完整性和机密性。通过这些措施，组织能够在面对复杂的信息安全挑战时，更加从容应对，保障档案的安全和可靠。这不仅是保护企业和个人信息的基本要求，也是维护组织信誉和业务连续性的关键所在。

第三节 档案管理与信息安全的融合

一、档案管理中的信息安全需求

在当今信息化时代，档案管理的复杂性和重要性日益增加。保护档案不仅涉及物理存储，还需确保信息的安全性，包括机密性、完整性和可用性。面对各种安全隐患，如数据泄露、篡改和系统故障，必须采取有效的对策。因此，档案管理中的信息安全需求显得尤为关键。下面将探讨如何在档案管理中满足这些信息安全需求，包括保护档案的机密性、确保档案的完整性、保证档案的可用性，以及应对潜在的安全隐患。

（一）保护档案机密性的需求

在档案管理中，保护档案的机密性是最基本的需求之一。机密档案通常包含敏感信息，如个人隐私、商业机密或政府文件，这些信息如果泄露可能对个人、组织甚至国家安全造成严重影响。因此，必须采取一系列措施来确保这些档案不会被未经授权的人员访问。例如金融机构通常对客户的财务数据进行严格的加密处理，并设置多层次的访问权限，确保只有授权人员才能查看和处理这些信息。除了技术手段，管理层还需建立健全的保密制度和员工培训计划，以增强员工的保密意识和执行力。通过这些措施，可以有效防范内部和外部的安全威胁，确保档案的机密性不被破坏。

（二）确保档案完整性的要求

确保档案完整性是档案管理中的另一重要需求，档案的完整性指的是确保档案在存储、传输和处理过程中不会被篡改或丢失。[①] 为了满足这一要求，需要采取适当的技术和管理措施。例如许多组织使用数据校验和数字签名技术来检测和防止档案被篡改。某医疗机构通过数字签名技术对病历进行签名，确保病历在传输过程中不会被篡改，维护了病历的准确性和可信度。定期进行备份和灾难恢复演练也是确保档案完整性的重要措施，以防止因系统故障或自然灾害导致的数据丢失。通过这些措施，可以有效保护档案的完整性，确保其在整个生命周期内保持不变。（见图1-3-1）

图1-3-1　确保档案完整性的要求思维导图

---

① 王芬. 医院电子档案管理与档案信息安全防护探析［J］. 中文科技期刊数据库（全文版）医药卫生，2022（6）：4.

(三) 保证档案可用性的标准

保证档案的可用性是档案管理中的一个关键标准，可用性确保档案在需要时能够及时、完整地获取和使用。这要求档案管理系统具备高可用性和可靠性，能够支持日常操作及突发情况。例如某大型企业使用云存储解决方案来管理档案，确保即使在本地系统发生故障时，档案仍能通过云端访问。为了保障档案的高可用性，还需要实施冗余备份和负载均衡技术，以确保系统的稳定性和故障恢复能力。例如金融交易记录通过多地备份和实时同步，确保交易数据不会因单点故障而丢失。通过这些措施，可以在保证档案安全的确保其在关键时刻的可用性。

(四) 应对档案管理中的安全隐患

应对档案管理中的安全隐患是确保档案安全的综合措施，档案管理过程中可能遇到各种安全隐患，包括物理安全威胁、网络攻击和人为错误等。例如物理安全隐患可能包括自然灾害如火灾、洪水等对档案的直接威胁。因此，组织应当采取如防火防水的档案储存设备和保险措施来降低这些风险。网络攻击如黑客入侵则需通过防火墙、入侵检测系统和定期的安全评估来防范。人为错误如员工操作失误可以通过培训和标准操作程序加以预防。通过对这些潜在隐患进行全面评估和防范，能够有效减少安全事件的发生，保障档案管理的安全性。（见表1-3-1）

表1-3-1 应对档案管理中的安全隐患行动方案及措施

行动方案	具体措施
防范物理安全威胁	使用防火防水设备：为档案储存区域配备防火、防水的储存设备。制订应急预案：建立应对自然灾害的应急预案并定期演练
防范网络攻击	部署防火墙和入侵检测系统：安装并配置防火墙和入侵检测系统以防止黑客入侵。定期安全评估：定期进行安全评估和漏洞扫描，及时修复安全漏洞
预防人为错误	员工培训：对员工进行操作规范和安全意识培训，减少操作失误。制定标准操作程序：制定并实施详细的操作程序，确保员工按照规定操作
全面评估和防范隐患	风险评估：定期进行全面的风险评估，识别和分析潜在隐患。实施综合防护措施：根据评估结果，综合实施物理、网络和操作方面的防护措施

档案管理中的信息安全需求涵盖了多个方面，确保了档案的全面保护。保护

档案的机密性对于防止敏感信息泄露至关重要。确保档案的完整性防止数据篡改，维护信息的真实性。保证档案的可用性确保在需要时能够及时访问。针对各种安全隐患采取有效措施，能够有效防范潜在的风险。通过这些措施，组织可以在确保信息安全的维护档案的稳定性和可靠性，支撑组织的正常运作和决策。

二、信息安全在档案管理中的应用

在现代档案管理中，信息安全的应用至关重要，涉及多个层面以确保档案的机密性、完整性和可用性。数据加密技术、访问控制与权限管理、审计与监控技术，以及灾备（灾害防备，简称灾备）与恢复策略是保障档案安全的核心组成部分。随着信息技术的发展和安全威胁的增加，这些技术和措施的有效应用变得尤为重要。下面将探讨这些信息安全措施在档案管理中的具体应用，分析它们如何通过技术手段提升档案保护的整体水平。

（一）数据加密技术在档案保护中的作用

数据加密技术在档案保护中具有核心作用，通过将敏感信息转换为不可读的加密格式，防止了数据在传输和存储过程中被未授权人员访问。加密不仅保护了信息的机密性，还确保了数据在遭遇攻击时的安全性。例如在金融行业，银行对客户的交易数据和个人信息进行强加密，以防止黑客获取敏感信息。使用高级加密标准等强加密算法，将数据在存储或传输过程中进行加密，确保即使数据被窃取，也因其加密状态而无法被破解。文件加密技术如 RSA 和传输层安全协议被广泛应用于保护文件传输过程中的数据安全。通过这些加密技术，组织能够有效防止数据泄露，提高档案保护的安全性。

（二）访问控制与权限管理措施

访问控制与权限管理是档案管理中保障数据安全的重要手段，通过设置严格的访问权限和管理控制，确保只有授权人员能够访问特定档案，从而降低数据泄露和滥用的风险。访问控制措施通常包括用户身份验证、权限分配和访问日志记录。权限管理系统允许管理员为不同级别的用户分配不同的访问权限，确保员工只能查看或修改他们有权处理的档案。通过记录访问日志，组织可以追踪所有的访问活动，及时发现并响应异常行为。这样，通过有效的访问控制与权限管理，组织可以增强档案的安全性，并防止未经授权的访问和潜在的内部威胁。（见表1-3-2）

表 1-3-2　访问控制与权限管理措施观点总结

观点	总结
确保授权访问	通过设置严格的访问权限和管理控制，访问控制措施确保只有授权人员能够访问特定档案。这有助于降低数据泄露和滥用的风险
实施身份验证和权限分配	访问控制通常包括用户身份验证和权限分配。身份验证确保用户的真实性，而权限分配确保用户只能访问和处理他们有权查看的档案。这种措施有助于维持档案的机密性和完整性
记录和监控访问日志	通过记录访问日志，组织可以追踪所有的访问活动，及时发现并响应异常行为。这种监控能够帮助检测潜在的安全威胁和内部滥用情况，进一步加强档案的安全保护
增强档案安全性	有效的访问控制与权限管理能够增强档案的安全性，防止未经授权的访问和潜在的内部威胁。通过综合应用身份验证、权限分配和日志记录等措施，组织能够建立一个坚固的安全防护体系

（三）审计与监控技术在档案管理中的应用

审计与监控技术在档案管理中的应用帮助组织实时监控和记录档案的使用情况，确保信息安全。审计技术通过详细记录用户对档案的访问和操作行为，为安全事件的调查提供数据支持。监控系统则实时跟踪系统的运行状态和安全事件，及时发现异常活动。例如某大企业利用安全信息与事件管理系统进行全面的日志记录和分析，实时监控用户的操作，检测到可疑行为如异常登录或未授权访问时，系统会发出警报并自动采取措施。定期的审计报告也有助于识别潜在的安全漏洞和操作不当，从而改进安全策略和措施。通过审计与监控技术，组织能够提高档案管理的透明度和安全性，及时响应潜在的安全威胁。

（四）灾备与恢复策略对档案安全的支持

灾备与恢复策略是确保档案安全和业务连续性的关键组成部分，灾备预案涵盖了数据备份、恢复流程以及应急响应措施，以应对可能导致数据丢失或系统中断的各种突发事件。有效的灾备策略包括定期备份、异地备份和恢复测试等。例如一家医院采用全量备份和增量备份的组合方案，将数据定期备份到云端和本地备份设备中。通过定期进行恢复演练，确保在数据丢失或系统崩溃时能够快速恢复业务运营。灾难恢复预案则包括详细的步骤和责任分配，确保在发生灾难时能够迅速采取行动，减少业务中断时间。通过这些措施，组织能够有效应对各种突发事件，确保档案数据的安全性和业务的连续性。

信息安全技术在档案管理中的应用为保障数据的安全性和完整性提供了强有力的支持，数据加密技术有效保护了档案的机密性，防止了敏感信息的泄露。访问控制与权限管理措施则通过限制档案的访问权限，减少了数据滥用的风险。审计与监控技术的应用，帮助组织实时追踪和记录档案的使用情况，确保了对异常行为的及时响应。灾备与恢复策略则为应对突发事件提供了全面的保障，确保数据在发生灾难时的恢复能力。通过这些综合措施，组织能够有效提高档案管理的安全性和稳定性，维护信息资产的完整和可靠。

三、档案管理与信息安全的互动机制

档案管理与信息安全的互动机制在现代组织中变得越来越重要，随着信息技术的进步和数据泄露事件的频发，如何有效地将信息安全策略融入档案管理流程，确保档案的安全性和合规性，成为亟待解决的关键问题。信息安全策略对档案管理流程的影响、档案管理政策与信息安全标准的对接、跨部门协作的必要性，以及数据共享与安全控制的平衡，都是影响档案安全的关键因素。下面将探讨这些互动机制，分析如何通过综合措施提升档案管理的安全性与有效性。

（一）信息安全策略对档案管理流程的影响

信息安全策略对档案管理流程的影响显著，通过制定和实施安全策略，能够确保档案在整个生命周期内的安全性。从数据创建、存储到传输和销毁，各个环节都需遵循安全策略。例如企业在制定信息安全策略时，通常会规定档案数据的加密要求和访问控制措施。这意味着，在档案的数字化过程中，必须使用强加密算法保护数据；在存储阶段，则需确保数据存放在受保护的环境中，如加密硬盘或安全云存储中。再如，策略可能要求定期进行数据备份和恢复演练，以防止数据丢失。信息安全策略还要求在档案销毁时遵循严格的程序，确保数据彻底删除，不被恢复。通过这些措施，信息安全策略直接影响并优化了档案管理流程，提升了档案的整体安全性。

（二）档案管理政策与信息安全标准的对接

档案管理政策与信息安全标准的对接是确保档案安全的重要环节。档案管理政策定义了档案的管理流程、职责分配和操作规范，而信息安全标准则提供了保护档案数据的技术和管理要求。例如企业的档案管理政策可能会要求遵循ISO/IEC 27001等国际信息安全标准，这些标准涵盖了数据的保密性、完整性和可用性要求。在对接过程中，政策需要明确如何实施这些标准，如数据加密、访问控制和审计记录等。具体举例，如在处理个人信息档案时，企业需遵守通用数据保护条例的标准，确保数据收集、存储和处理符合相关法律要求。通过有效对接，档案管理政策能够更好地实施信息安全标准，提高档案数据的保护水平。

（三）跨部门协作在档案与信息安全中的重要性

跨部门协作在档案与信息安全中的重要性不可忽视，因为档案安全涉及多个部门的配合和协调。例如IT部门负责实施技术防护措施，如加密和访问控制；而法律合规部门则确保所有操作符合相关法律法规。一个成功的例子是，一家大型医院在处理患者档案时，IT部门与医疗部门、法律合规部门密切合作，共同制定了数据保护策略。IT部门负责技术实施，如安全存储和数据备份；医疗部门提供关于患者数据使用的实际需求；法律部门确保所有措施符合健康保险携带与问责法案的要求。通过这种跨部门的协作，医院能够全面保护患者信息，确保档案安全和合规性，同时提高整体管理效率。

（四）数据共享与安全控制的平衡

数据共享与安全控制的平衡是档案管理中的一个重要问题，在需要与外部合作伙伴或不同部门共享数据时，必须确保数据的安全性。[①] 为此组织通常会实施数据共享协议和安全控制措施，确保数据在共享过程中不会泄露或滥用。例如某大型金融机构在与第三方数据处理公司共享客户信息时，制定了严格的数据共享协议，规定了数据的加密、访问权限和使用范围。共享过程中，所有数据传输都通过加密通道进行，确保数据在传输过程中不被窃取。合作伙伴需遵循相同的信息安全标准，并接受定期审计。这样，机构能够在满足业务需求的确保数据安全，达到共享与控制的平衡。通过有效的控制措施和协议，组织可以在促进数据利用的维护数据的安全性。

信息安全策略对档案管理流程的优化起到了至关重要的作用，通过规范数据处理和保护措施，确保了档案的整体安全。档案管理政策与信息安全标准的对接，使得组织能够在管理档案的同时遵循国际标准和法律要求，提升了数据的保护水平。跨部门协作则通过协调不同部门的职责与行动，确保了全面而有效的档案安全管理。数据共享与安全控制的平衡，确保在实现信息流通的不忽视数据保护。通过这些互动机制，组织能够在提升档案管理效率的有效应对信息安全挑战，维护数据的机密性和完整性。

四、融合发展的前景展望

在当今数字化时代，融合发展成为推动各行各业进步的关键驱动力。智能化技术的迅猛发展不仅革新了传统行业的运营模式，也推动了跨领域的深度整合。法规与政策的支持为融合发展提供了规范化的保障。未来大数据与云计算的融合应用将成为数字经济的重要支柱，极大地提升业务运营效率。然而这一过程中也面临着数据安全、技术兼容性和管理复杂性等挑战。深入探讨这些方面，将有助于我们更好地理解和应对融合发展的前景和策略。

（一）智能化技术在融合中的作用

智能化技术在融合发展中扮演了核心角色，推动了各行业的数字化转型和业

[①] 张秀梅. 大数据背景下档案管理信息安全问题及对策浅析 [J]. 2021 (87)：9.

务模式创新。通过人工智能、机器学习和自然语言处理等技术，组织能够实现自动化的数据处理和分析，提高效率和准确性。例如在金融行业，通过智能化技术，银行可以实现自动化的风险评估和欺诈检测。人工智能算法可以实时分析交易数据，识别异常行为并发出警报，从而有效预防金融欺诈。类似的，在医疗领域，智能化技术可以通过分析患者的电子健康记录，帮助医生制订个性化的治疗方案。智能化技术不仅提升了业务操作的智能水平，还推动了跨行业的融合发展，使得不同领域能够共享数据和技术，实现资源的最优配置。

（二）法规与政策对融合发展的推动

法规与政策在融合发展中发挥着重要推动作用，通过提供法律框架和政策支持，促进了技术和业务的融合创新。例如《数据保护法》和《数字经济法》等法规，为数据的使用和保护提供了明确的指导和规范。在欧洲，通用数据保护条例的实施推动了数据隐私保护的全球标准，促使企业在数据融合和使用过程中更加注重隐私保护。政策层面的支持还体现在国家层面的战略规划，例如中国政府发布的《数字中国建设发展规划纲要》，明确了推动数字技术与传统行业融合的目标和措施。这些法规与政策不仅规范了数据使用和技术融合的底线，还激励了技术创新和跨界合作，为融合发展创造了良好的制度环境。

（三）未来趋势：大数据与云计算的融合应用

未来大数据与云计算的融合应用将成为推动数字经济发展的关键趋势，大数据技术通过收集和分析海量数据，为决策提供了深刻的洞察力；而云计算则通过提供灵活的计算资源和存储服务，支持大数据的处理和分析。融合应用的一个典型例子是智能制造，通过在云端整合生产数据和实时分析，企业能够优化生产流程和提高产品质量。例如某汽车制造企业利用云计算平台处理来自生产线的传感器数据，并运用大数据分析技术进行预测性维护，减少了设备故障的发生。随着5G技术的普及和人工智能的发展，大数据与云计算的融合将进一步深化，为各行业提供更加高效和智能的解决方案。

（四）面临的挑战与解决方案

在融合发展过程中组织面临多种挑战，包括数据安全与隐私保护、技术兼容性和管理复杂性等问题。数据安全与隐私保护是最主要的挑战之一，随着数据共享和技术应用的增加，数据泄露和滥用的风险也在增加。为此组织需要加强数据加密、访问控制和隐私保护措施，确保数据在传输和存储过程中的安全。技术兼容性问题可能导致不同系统和平台之间的整合困难。解决这一问题的方法是采用开放标准和中间件技术，以实现系统之间的互操作性。管理复杂性也是一个挑战，尤其是在跨部门和跨系统的融合过程中。为应对这一挑战，组织可以建立跨部门协调机制，明确职责和流程，提高管理效率。通过这些解决方案，组织能够有效应对融合发展中的挑战，实现技术和业务的高效整合。

融合发展在智能化技术的推动下，正迅速改变着各个行业的业务模式和运营方式。法规与政策为这一进程提供了必要的支持和保障，确保技术应用和数据处理的规范性。未来大数据与云计算的深度融合将进一步推动数字经济的发展，提升行业智能化水平。然而面对数据安全、技术兼容性及管理复杂性等挑战，组织必须采取有效的解决方案，以实现技术与业务的高效整合。综合这些因素，我们可以预见，融合发展将在未来带来更多创新机遇和经济效益。

第四节　国内外档案管理与信息安全现状分析

一、国内档案管理与信息安全现状

在信息化时代的背景下，档案管理与信息安全已成为社会各界关注的重点。档案不仅承载了历史和文化的积淀，也是组织和个人进行决策、研究和发展的重要依据。因此，如何有效管理和保护档案成了各级政府和企业的重要任务。下面将对国内档案管理与信息安全的现状进行详细分析。我们将探讨当前档案管理的政策和法规，了解国家如何通过法律手段规范和提升档案管理水平。将审视信息安全技术的应用现状，评估技术在档案保护中的作用和效果。接着，讨论在档案管理中面临的主要挑战和问题，如数据迁移、安全隐患以及技术兼容性问题。分析政府与企业在档案管理中的角色，探讨他们如何通过协作推进档案管理的现代化和安全保障。通过这些方面的探讨，希望能为未来档案管理和信息安全的发展提供参考和借鉴。

（一）档案管理的现行政策与法规

中国的档案管理政策和法规体系逐步完善，以确保档案的完整性、保密性和有效利用。《档案法》作为基本法律，对档案的管理、保存和使用做出了全面规定，明确了档案的法律地位和管理责任。近年来，《电子档案管理办法》和《信息化档案管理暂行规定》等法规相继出台，针对数字化档案的管理提出了具体要求，促进了档案管理的现代化。《国家档案馆管理条例》和《档案管理工作规范》也对档案的保存条件和处理流程进行了详细说明。例如《电子档案管理办法》要求对电子档案进行完整备份，并对档案的访问进行严格控制，以防止数据丢失和泄露。这些政策法规的实施，旨在建立健全的档案管理体系，提升档案工作的科学性和规范性。

（二）信息安全技术的应用现状

信息安全技术在档案管理中的应用已取得显著进展，近年来，随着技术的发展，防火墙、数据加密、入侵检测系统等信息安全技术被广泛应用于档案系统，以保护档案数据的安全性和完整性。[①] 特别是加密技术，在存储和传输电子档案时能有效防止未经授权的访问和数据泄露。比如企业常用的高级加密标准加密算法能够将档案数据转化为只有持有密钥的人才能解读的形式，从而保护数据隐私。身份认证技术如双因素认证也被引入档案系统，以进一步加强对档案访问的安全控制。这些信息安全技术的应用，有助于防范信息安全威胁，确保档案管理的可靠性和安全性。

---

① 喻平. 大数据时代档案信息安全管理探析［J］. 科技传播，2020，12（1）：118-119.

（三）档案管理中的主要挑战与问题

在档案管理中面临着多种挑战和问题，档案数字化进程中的数据迁移和存储问题尤为突出，老旧的纸质档案转化为电子档案时，可能出现数据丢失或质量下降的情况。[①] 档案安全性问题也是一个重要挑战，随着网络攻击手段的不断升级，档案数据面临着被盗取或篡改的风险。例如某些企业的档案系统曾因网络攻击而导致大量敏感信息泄露。档案管理中的技术兼容性问题也不容忽视，不同系统之间的数据互操作性往往成为管理中的难题。为应对这些挑战，需要加强技术保障和管理措施，提升档案管理的科学性和安全性。

（四）政府与企业在档案管理中的角色

政府和企业在档案管理中各自扮演着重要角色，政府部门通过制定和实施相关法律法规，为档案管理提供规范和指导。例如国家档案局负责档案法的制定和实施，提供政策支持，并监督档案管理工作的执行情况。企业则需要按照政府的法规要求，建立和完善内部档案管理系统。企业不仅要确保档案的合规性，还要运用先进的信息技术和管理方法，提高档案管理的效率和安全性。例如一些企业在档案管理中采用了电子化系统和云存储技术，以提升档案管理的便捷性和可靠性。政府与企业的协同作用，共同推动了档案管理的科学化和规范化。

国内档案管理和信息安全在政策法规、技术应用以及实践中均取得了显著进展，但仍面临诸多挑战。现行的档案管理政策和法规为档案的规范管理提供了法律保障，推动了档案管理的制度化和科学化。而信息安全技术的广泛应用，尤其是加密和认证技术，显著提高了档案数据的保护水平。然而档案管理中仍存在诸如数据迁移问题、安全隐患和技术兼容性等挑战，这些问题需要通过技术创新和管理优化加以解决。政府在制定政策和提供指导方面发挥了关键作用，而企业则通过实施这些政策和技术手段，进一步推进档案管理的现代化。未来，政府与企业的密切合作，以及持续的技术进步，将为提高档案管理的效率和安全性奠定坚

[①] 南雪."大数据"时代档案信息安全管理新思考[J].中国保健营养 2019（6）：320.

实基础。

二、国外档案管理与信息安全现状

在全球化和数字化迅速发展的今天,国外在档案管理与信息安全领域积累了丰富的经验和最佳实践。随着信息技术的进步和国际标准的推广,档案管理已逐渐形成了一套系统化、规范化的体系。国际档案理事会和国际标准化组织等机构发布的标准,为全球范围内的档案管理提供了可靠的框架和指导。信息安全技术的不断发展,如加密技术、区块链技术和人工智能技术,正为档案数据的保护提供更加全面和高效的保障。然而尽管技术手段不断进步,国外在档案管理过程中仍面临数据迁移、隐私保护和技术更新等挑战。政府与企业在这一过程中发挥着重要的作用,通过制定政策、实施技术措施和优化管理方法,推动了档案管理的不断进步和完善。下面将深入探讨这些方面的现状及其发展趋势,以期为国际间的档案管理与信息安全提供有益的借鉴。

(一)国际档案管理标准与最佳实践

在国际上,档案管理标准和最佳实践逐渐形成了一套成熟的体系。国际档案理事会发布的《国际档案管理标准》为全球档案管理提供了指导框架。该标准涵盖了档案的创建、管理、保存和利用等方面,强调了档案管理的规范性和系统性。例如《ISO 15489》标准提供了关于档案和记录管理的国际标准,涵盖档案创建、分类、存储以及检索的具体要求。许多国家和组织还根据这些国际标准制定了本国的档案管理规定,如美国国家档案馆和英国国家档案馆均依据国际标准,制定了符合自身需求的档案管理政策。这些标准和最佳实践不仅提高了档案管理的质量和效率,还促进了不同国家和地区之间的档案资源共享和交流。

(二)信息安全技术的发展与应用

信息安全技术在全球范围内不断发展,并在档案管理中得到广泛应用。随着数字化档案的普及,先进的信息安全技术成为保护档案数据的关键工具。加密技术是防止数据泄露的重要手段,如使用 RSA 和高级加密标准加密算法可以确保档案信息在存储和传输过程中的安全。另一个重要发展是区块链技术，它能够提供不可篡改的记录，保障档案数据的完整性和真实性。例如荷兰的某些档案管理系统已经采用区块链技术来确保档案数据的透明性和不可篡改性。人工智能技术也被用于异常检测和风险评估，提升了对潜在安全威胁的响应能力。信息安全技术的进步为档案管理提供了更为全面和高效的安全保障。

（三）国外档案管理中的主要问题与解决方案

在国外，档案管理面临的主要问题包括档案数字化过程中的数据迁移挑战、隐私保护问题以及技术更新的速度。数据迁移过程中，老旧系统与新系统之间的兼容性问题常常导致数据丢失或损坏。例如英国国家档案馆在转移历史档案到新数字平台时遇到过数据迁移的困难。隐私保护问题则涉及如何在数字化过程中确保个人数据不被泄露或滥用。针对这些问题，许多国家已经采取了相应的解决方案。例如澳大利亚实施了《信息隐私法》，加强了对个人信息的保护。采用多重备份和分级存储技术也是解决数据丢失问题的有效措施。技术更新方面，定期对档案管理系统进行升级和维护，有助于解决技术老化问题。（见表1-4-1）

表1-4-1 国外档案管理中的主要问题与解决措施

主要问题	具体措施
数据迁移挑战	兼容性测试：在迁移数据之前，进行老旧系统与新系统的兼容性测试，确保数据能够正确转移。多重备份：在数据迁移过程中，创建多个备份副本以防止数据丢失或损坏。分级存储：采用分级存储技术，根据数据的重要性和使用频率进行存储，以确保数据的安全和完整性
隐私保护问题	实施隐私保护法律：参考澳大利亚的《信息隐私法》，制定并实施严格的隐私保护政策，以确保个人数据不被泄露或滥用。加密技术：对存储和传输的数据进行加密，以增强数据的安全性。访问控制：实施严格的访问控制措施，确保只有授权人员可以访问个人信息
技术更新速度	定期升级和维护：制定定期升级和维护档案管理系统的措施，确保系统能够应对技术老化问题。跟踪技术发展：密切关注技术发展趋势，及时引入新技术和工具以提高系统的效率和安全性。培训人员：对管理人员进行技术培训，使其能够熟练操作和维护最新的档案管理系统

（四）政府与企业在档案管理中的作用

在国外，政府与企业在档案管理中扮演着重要的角色，二者的合作对于提升档案管理的质量和效率至关重要。政府通常负责制定和实施档案管理的法律法规，为档案管理提供政策支持。例如美国的《信息自由法》规定了公共档案的开放性和访问权限。企业则负责在实际操作中执行这些政策，运用现代技术和方法进行档案管理。例如许多大型企业采用先进的档案管理系统来处理和保存大量的数据，同时也遵循政府制定的法规来保证档案的合规性。在这种双重作用下，政府和企业共同推动了档案管理的科学化、规范化进程，提高了档案管理的整体水平和安全性。

国外在档案管理与信息安全方面已建立起成熟的标准和最佳实践，这些标准不仅提升了档案管理的规范性和效率，也促进了国际间的档案资源共享。信息安全技术的进步，特别是加密、区块链和人工智能技术，极大地增强了档案数据的保护能力。然而数据迁移中的兼容性问题、隐私保护的挑战以及技术更新的速度等问题依然存在。针对这些问题，许多国家通过法律法规、技术创新和管理措施，逐步寻求解决方案。政府和企业的紧密合作在这一过程中至关重要，政府制定相关政策以规范和支持档案管理，而企业则通过技术实施和操作执行这些政策。政府与企业的双重作用推动了档案管理的科学化和安全性，为全球档案管理的发展奠定了坚实的基础。

三、国内外档案管理与信息安全对比

档案管理与信息安全在全球范围内都扮演着至关重要的角色，然而国内外在这些领域的政策、技术应用、管理策略以及面临的挑战存在显著差异。国际上许多国家已有成熟的法律体系和技术应用来确保档案管理的高效与信息安全的严密，而中国虽然在这些方面也取得了一定进展，但在细节与实施层面还有提升空间。通过对比国内外在档案管理与信息安全方面的差异，可以更深入地了解各国的管理模式与应对策略，为进一步提升中国的相关制度和技术应用提供有益的参考。

（一）政策与法规的差异

国内外在档案管理和信息安全领域的政策与法规存在显著差异，在国际上许多国家拥有成熟的档案管理法律体系，例如美国的《信息自由法》规定了政府档案的开放和公众访问权限，而《健康保险流通与问责法》则关注健康信息的隐私保护。欧洲的《通用数据保护条例》则是全球最严格的数据保护法律之一，强调了个人数据的隐私权和处理规则。相比之下，中国的档案管理法律体系相对较新，虽然《档案法》和《信息公开条例》已经对档案管理和信息公开做出了规定，但在细化和执行层面仍有较大提升空间。例如《档案法》虽然规定了档案管理的基本原则，但在具体操作和监管上还需进一步完善。中国还推出了《数据安全法》和《个人信息保护法》，对信息安全和数据保护进行了更为全面的规定。这些法律虽已覆盖重要领域，但在实施细节和监管力度上，与国际成熟法律相比还有差距。

（二）技术应用的差异

技术应用方面，国外在档案管理与信息安全领域处于领先地位。例如许多发达国家的档案管理系统已经普遍应用了区块链技术，以确保档案数据的不可篡改性和完整性。荷兰的国家档案馆使用区块链技术管理公共记录，提升了数据的透明度和信任度。人工智能和机器学习也在档案数据的分类、检索和分析中得到广泛应用，如 IBM 的 Watson 用于帮助处理复杂的档案管理任务。在中国尽管技术应用也在不断推进，但相较于国外的成熟应用仍有一定差距。中国的一些档案管理系统正逐步引入区块链和人工智能技术，但普及率和应用深度尚需提高。例如中国的一些地方档案馆开始试点区块链技术，以提升档案数据的安全性，但整体的应用范围和技术成熟度尚不足以与国际领先水平对抗。尽管中国也在积极推动数字档案的应用，但技术整合和系统升级的步伐仍需加快。

（三）管理策略与实施效果的对比

管理策略方面，国外普遍采用系统化、标准化的管理模式。例如美国的档案管理系统通常遵循《ISO 15489》国际标准，通过建立详细的档案管理流程和系统来保证档案的有效管理和长久保存。英国的国家档案馆也实施了综合的档案管理计划，包括定期审查、数字化转型和数据备份策略。中国的档案管理策略虽然也在不断完善，但在实施效果上与国际标准相比还存在一定的差距。中国的档案管理更多依赖于地方和行业的具体规范，整体的标准化和系统化程度相对较低。尽管一些大型机构和企业已经建立了较为完善的档案管理体系，但在整体实施效果和系统整合方面仍有改进的空间。例如中国部分地方档案馆在数字化过程中面临的技术和资源不足问题，影响了档案管理的效率和质量。

（四）面临的挑战与应对策略的不同

在面临挑战和应对策略方面，国内外也存在明显差异。国际上档案管理和信息安全的主要挑战包括数据隐私保护、技术更新的速度以及跨国数据流动的法规协调。为应对这些挑战，国际上通常采取的策略包括加强法律法规的完善、推动技术创新和提升数据保护意识。中国面临的主要挑战包括法规的不健全、技术应用的滞后以及实施细节的不足。尽管中国政府已经出台了一系列法律法规，如《数据安全法》和《个人信息保护法》，但在实施过程中仍需加强监管和技术支持。应对策略方面，中国可以通过进一步完善法律体系、提升技术水平以及加强国际合作来应对这些挑战。例如中国可以借鉴国际经验，加快技术创新步伐，并通过与国际标准对接来提升自身档案管理和信息安全水平。

国内外在档案管理与信息安全领域的差异体现在政策法规的成熟度、技术应用的广度、管理策略的系统化程度以及应对挑战的策略上，国际上的法律体系和技术应用相对成熟，提供了较为完善的框架和手段来应对数据保护和档案管理中的各种挑战。而中国尽管在相关领域取得了不少进展，但仍面临着法规细化、技术应用普及和管理效果提升等问题。中国可以通过加强法律体系建设、加速技术应用和优化管理策略，以提升档案管理和信息安全的整体水平，并借鉴国际经验推动相关领域的进一步发展。

四、存在的差距与改进方向

在当今快速变化的全球环境中，各行业和企业面临着前所未有的挑战和机遇。科技进步、政策变革、管理策略优化以及国际合作都是推动行业发展和提高竞争力的重要因素。然而不同领域和企业在这些方面存在着显著的差距，这不仅影响了企业的运营效率，也制约了行业整体的发展。因此识别并分析这些差距，并提出切实可行的改进方向，对于推动行业进步和实现可持续发展具有重要意义。下面将探讨技术应用、政策与法规、管理策略以及国际合作等方面的现状和改进建议，以期为相关领域的发展提供有益的参考和指导。

（一）技术应用差距及其改进建议

随着科技的迅猛发展，各行业对技术应用的依赖越来越强。然而不同领域和企业在技术应用方面存在明显差距，这种差距不仅体现在技术水平上，还体现在技术的落地实施和使用效率上。例如某些高科技企业能够快速应用前沿技术，如人工智能、大数据分析等，而中小型企业可能因为技术投入不足或缺乏相关知识，导致技术应用滞后。为缩小技术应用差距，企业需要加强技术培训和能力建设，提升员工的技术水平和应用能力。例如定期举办技术研讨会和培训课程，帮助员工了解和掌握最新的技术进展。政府和行业组织可以提供技术支持和资金资助，鼓励企业进行技术创新和升级。建立技术交流平台，促进企业间的经验分享，也是弥合技术差距的重要途径。例如某些科技园区或行业协会可以定期举办技术交流活动，促进技术资源的共享和合作。通过以上措施，可以有效提升技术应用的普及率和效果，从而推动整个行业的发展和进步。

（二）政策与法规改进方向

在技术进步和社会发展的背景下，现行政策与法规经常面临更新和完善的需求。例如随着数字经济的快速发展，传统的法律法规在数据保护、网络安全等方面可能显得滞后，难以有效应对新的挑战。因此，需要不断审视和优化相关政策与法规，以适应新兴的技术和市场环境。政策制定者应当密切关注技术发展趋势，及时调整和修订法规。例如在数据隐私保护方面，可以制定更为严格的数据保护法规，确保用户信息的安全。政府可以通过建立跨部门的协作机制，形成政策制定和实施的合力。例如设立专门的技术法规研究机构，负责对新兴技术的法律影响进行评估，并提出改进建议。加强政策宣传和培训，帮助企业和公众了解和遵守相关法规，也是确保政策效果的重要措施。通过不断完善政策与法规，可以有效地支持技术创新，同时维护社会的公平和秩序，促进经济的健康发展。

(三) 管理策略优化建议

管理策略的优化是提升组织效率和实现战略目标的关键，当前许多企业在管理上仍然存在诸如决策迟缓、资源配置不合理、沟通不畅等问题，这些问题严重影响了企业的运营效率和市场竞争力。为优化管理策略，企业需要建立科学的决策机制。通过引入数据驱动的决策方法，可以减少主观判断带来的偏差，提高决策的准确性和效率。例如利用大数据分析技术，对市场趋势和消费者需求进行深入分析，帮助管理层做出更为明智的决策。优化资源配置，确保资源的有效利用。通过引入项目管理工具和方法，如敏捷管理，能够更好地应对项目变化，提高资源的使用效率。加强内部沟通和协作，打破部门间的信息壁垒，也是提升管理效能的重要措施。例如定期举办跨部门的协调会议，促进各部门之间的信息共享和合作。通过以上措施，企业可以提高管理效率，增强市场竞争力，实现可持续发展。（见表1-4-2）

表1-4-2　管理策略优化建议观点总结

观点	总结
建立科学的决策机制	通过引入数据驱动的决策方法，如大数据分析，减少主观判断带来的偏差，提升决策的准确性和效率。这可以帮助企业更明智地应对市场趋势和消费者需求
优化资源配置	采用项目管理工具和方法来优化资源配置，确保资源的有效利用。这种方法能够提高项目适应变化的能力，从而提升资源使用效率
加强内部沟通和协作	通过定期举办跨部门协调会议，打破信息壁垒，促进部门间的信息共享和合作。这能够改善沟通不畅问题，提高组织的整体管理效能
提升管理效率和市场竞争力	通过科学决策、优化资源配置和改善沟通，企业能够提升管理效率，增强市场竞争力，进而实现可持续发展

(四) 国际合作与经验借鉴的机会

国际合作和经验借鉴是推动技术进步和提升管理水平的重要途径，通过借鉴国外先进的技术和管理经验，能够加快国内相关领域的发展步伐，同时提升国际竞争力。例如，某些国家在人工智能领域有着较为成熟的技术应用和管理经验，国内企业可以通过与这些国家的合作，获取先进的技术和市场经验。政府和企业可以加强与国际组织的合作，例如参与国际技术标准的制定和认证，了解全球最新的技术趋势和市场动态。企业可以通过国际合作项目，学习和引入国外先进的管理模式和技术解决方案。例如某些企业可以通过海外并购或战略联盟的方式，获取国际市场上的先进技术和管理经验。推动跨国研发合作，整合全球资源，加速技术创新也是一种有效的方式。例如组建国际研发联盟，开展合作研究，共同攻克技术难题。通过国际合作和经验借鉴，可以为国内企业带来更多的发展机遇，同时促进全球科技和经济的共同进步。

在对技术应用、政策法规、管理策略及国际合作等方面的差距进行深入分析后，可以看出，各领域的进步需要系统性的改进和协调配合。技术应用的差距可以通过加强培训、提供技术支持以及建立交流平台来缩小，从而提升整个行业的技术水平。政策与法规的改进则要求政策制定者及时调整和修订法规，以应对技术进步带来的新挑战，确保社会的公平和安全。优化管理策略方面，通过数据驱动决策、有效资源配置和加强内部沟通，能够显著提高组织效率和市场竞争力。国际合作和经验借鉴则为国内企业提供了宝贵的学习机会，通过跨国合作和研发联盟，可以加速技术创新，促进全球科技和经济的共同进步。通过综合施策，强化各方面的改进，能够有效推动行业的发展，实现更高质量的经济增长和社会进步。

第二章
档案管理中的信息安全风险

第一节 档案管理中的信息泄露风险

一、信息泄露的途径与方式

在当今信息化社会中，档案管理的安全性已成为企业和组织不可忽视的重要课题。信息泄露的风险不仅威胁到企业的机密数据，也可能对其声誉和法律合规性产生严重影响。信息泄露的途径多种多样，主要包括内部泄露、外部攻击、物理泄露和第三方合作等四个方面。内部泄露涉及员工的误操作或恶意行为；外部攻击则包括黑客入侵和网络钓鱼等技术手段；物理泄露则是由于设备丢失或不当处理引发的泄漏；第三方合作则涉及与供应商或合作伙伴的安全隐患。了解这些泄露途径及其风险有助于企业和组织采取相应的防护措施，确保档案管理的安全。

（一）内部泄露

内部泄露指的是由于组织内部员工的不当操作或故意行为而导致的信息泄漏，这种情况常常发生在文件管理不严或安全培训不足的情况下。举例来说，某公司的一名员工在处理敏感档案时，将包含重要商业机密的文档错误地发送到了错误的邮箱。这种误操作可能导致商业秘密被竞争对手获取，从而损害公司的市场竞争力。恶意行为也是内部泄露的一种常见方式。例如有些员工可能会出于个人利益，故意将重要信息泄露给外部竞争者或不正当的第三方。这种行为不仅破坏了公司的信息安全，还可能涉及法律责任。因此，组织需要加强对员工的安全培训，严格权限管理，确保敏感信息的处理和存储符合安全规定。

（二）外部攻击

外部攻击是指通过技术手段，由黑客或不法分子对组织系统进行入侵，获取机密信息的行为。常见的攻击方式包括黑客入侵和网络钓鱼。黑客入侵通常涉及利用系统漏洞，通过恶意软件或病毒侵入组织的网络，窃取存储在数据库中的敏感信息。例如某医院的电子病历系统被黑客入侵，导致大量患者的个人健康信息泄露。网络钓鱼则是通过伪装成合法网站或电子邮件的方式，诱骗用户输入敏感信息。黑客可能伪装成银行机构，向员工发送伪造的邮件，要求其点击链接并输入账户信息。组织应加强网络安全防护措施，定期更新系统漏洞补丁，并进行安全意识培训，帮助员工识别和防范网络钓鱼攻击。

（三）物理泄露

物理泄露是指由于设备丢失或处理不当而导致的信息泄露，设备丢失的风险包括笔记本电脑、移动硬盘等存储设备的丢失。[①] 例如一名员工在外出期间将公司笔记本电脑遗失，未加密的数据可能被他人获取，从而导致敏感信息外泄。不当处理则涉及对废弃设备的处理不当，如在销毁硬盘时未彻底擦除数据，仍然可能被恢复并获取其中的信息。为防止这种情况的发生，组织应制定严格的设备管理和处理规范，确保所有存储设备在退役前进行数据彻底清除，并采取加密措施保护敏感信息。

（四）第三方合作

与第三方合作常常涉及将组织的部分信息交给供应商或合作伙伴，这些第三方的安全隐患可能影响到组织的信息安全。[②] 例如一家企业将财务数据外包给第三方处理公司，但该公司的安全措施不严密，导致数据被外泄。合作伙伴的安全

[①] 朱猛. 大数据背景下档案管理信息安全问题及对策研究 [J]. 你好成都（中英文），2023（29）：0097-0099.

[②] 张馨匀，王静，张琬，等. 大数据背景下档案管理信息安全问题及措施分析 [J]. 现代企业文化，2022（15）：22-24.

漏洞不仅会影响合作方，还可能波及整个组织。为降低此类风险，组织应在选择第三方合作伙伴时进行严格的安全评估，并在合同中明确双方的信息安全责任。定期对合作伙伴的安全措施进行审查，确保其符合组织的安全标准。

信息泄露是档案管理中一个复杂而严重的风险问题，内部泄露往往源于员工的操作失误或恶意行为，而外部攻击则通过各种技术手段威胁到组织的网络安全。物理泄露则因设备丢失或处理不当而导致信息外泄，第三方合作中的安全隐患也可能带来风险。因此，为有效防范信息泄露，组织需要在内部加强安全培训和权限管理，提升网络安全防护水平，规范设备管理和处理流程，同时对第三方合作伙伴进行严格的安全审查。只有采取综合性的安全策略，才能够有效保护敏感信息，维护组织的整体安全和信誉。

二、信息泄露的危害程度

在当今数字化时代，信息泄露已成为一个严重且普遍的风险，对各类组织和个人带来了深远的影响。信息泄露不仅损害了组织的声誉、干扰了业务运营，还挑战了法律法规合规性，并对个人隐私和安全构成了重大威胁。了解这些危害对于组织制定有效的防护策略至关重要，下面内容将详细探讨信息泄露的各个方面及其可能带来的严重后果。

（一）对组织声誉的影响

信息泄露对组织的声誉损害是最直接且显著的后果之一，企业的声誉建立在客户的信任和公众的认可之上，一旦发生信息泄露事件，公众和客户可能对企业的安全管理能力产生怀疑。例如某知名社交平台在其系统被黑客入侵后，数百万用户的个人数据被泄露。这一事件不仅导致用户对平台的信任度下降，还引发了媒体的广泛报道，影响了公司的市场形象。长期以来，企业的声誉修复过程可能十分漫长且成本高昂。声誉受损可能导致客户流失、投资者撤资甚至市场份额减少。因此，组织必须重视信息安全管理，采取有效措施保护敏感数据，以维护企业的良好声誉。

（二）对业务运营的干扰

信息泄露对业务运营的干扰常常是深远且复杂的，敏感数据的泄露可能导致业务操作中断、流程失效甚至整个业务系统的瘫痪。例如一家金融机构的客户账户信息被泄露后，银行系统不得不暂停所有相关服务以进行安全审查和系统修复。这种业务中断不仅影响了正常的客户服务，还可能导致财务损失和客户的不满。信息泄露带来的直接成本包括修复安全漏洞的技术费用，以及处理客户投诉和赔偿的开支。信息泄露还可能影响组织的长期运营效率和商业策略，阻碍业务发展。因此，组织需要制订详尽的应急预案，确保在信息泄露事件发生后能够迅速恢复正常运营。

（三）对法律法规合规性的挑战

信息泄露还对组织的法律法规合规性构成严峻挑战，各国和地区对数据保护和隐私有严格的法律法规，企业在发生信息泄露时，可能面临法律诉讼、罚款和合规审计。例如欧盟的《通用数据保护条例》（通用数据保护条例）规定了严格的数据保护要求，如果企业未能妥善保护用户数据，将面临高额罚款。某家跨国公司因未能遵守数据保护法规，遭到监管机构的重罚，并被要求进行整改和补救措施。这不仅增加了企业的运营成本，还可能影响企业的合规记录。因此，组织应了解并遵守相关的法律法规，定期进行合规检查，以减少法律风险和潜在的经济损失。

（四）对个人隐私和安全的威胁

信息泄露对个人隐私和安全的威胁是极为严重的，泄露的个人信息可能被恶意利用，导致身份盗窃、金融诈骗和其他形式的个人信息滥用。例如一次大型数据泄露事件中，数百万用户的个人身份信息、信用卡号码被公开，导致受害者的银行账户被盗用，遭受财务损失和心理困扰。个人信息的泄露不仅威胁到个人的经济安全，还可能引发一系列社会问题，如诈骗案件增加和公共安全隐患。因此，组织在处理个人信息时必须采取严格的保护措施，包括数据加密、访问控制和信息审计，以保障用户的隐私安全。

信息泄露的危害不可忽视，其影响涉及组织声誉、业务运营、法律合规性和个人隐私安全。泄露事件往往对企业的声誉造成重大打击，修复声誉的过程漫长且成本高昂。业务运营的中断和系统瘫痪会带来直接的经济损失和客户不满。法律法规的合规挑战不仅增加了企业的运营成本，还可能影响企业的合规记录。个人隐私和安全受到严重威胁，可能导致身份盗窃和金融诈骗。组织必须采取严谨的信息安全管理措施，以减轻这些潜在的危害，确保信息安全和业务持续发展。

三、防范信息泄露的措施

在当今信息化快速发展的背景下，信息泄露的风险日益增加，对组织和个人都带来了重大威胁。为有效防范信息泄露，组织需要采取一系列综合措施。这些措施包括强化员工的培训与意识提升、实施严格的访问控制与权限管理、部署先进的技术防护措施如加密和防火墙，以及定期进行安全审计与风险评估。通过这些策略的实施可以显著提高信息安全防护水平，减少信息泄露事件的发生，确保组织数据和系统的安全性。

（一）强化员工培训与意识提升

强化员工培训与意识提升是防范信息泄露的首要措施，员工是信息安全链条中的重要一环，他们的行为和意识直接影响着信息保护的有效性。定期对员工进行信息安全培训，帮助他们了解信息泄露的风险、识别常见的攻击手段（如钓鱼邮件、恶意软件等），以及正确处理敏感信息的方式，是至关重要的。例如某金融机构实施了全面的信息安全培训计划，涵盖了网络安全基础知识、数据保护技巧和应急响应流程。员工定期参加在线课程和实战演练，学习如何识别可疑邮件和避免点击不安全的链接。培训还包括实际案例分析，使员工了解信息泄露的实际后果，从而增强他们的信息安全意识和责任感。通过这种方式，该金融机构显著减少了由于员工操作失误而导致的安全事件，提高了整体的信息安全水平。

（二）实施严格的访问控制与权限管理

实施严格的访问控制与权限管理是保护信息安全的关键措施之一，有效的访问控制可以确保只有授权人员能够访问敏感数据和系统，减少信息泄露的风险。组织应制定详细的权限管理政策，并根据角色和职责分配最小权限原则。以一家跨国企业为例，该公司通过引入基于角色的访问控制系统，确保每位员工只能访问与其工作相关的资源。系统管理员定期审查和更新权限设置，及时调整因职位变动或离职员工的访问权限。该企业还实施了多因素认证，增加了额外的安全层级，即使账户凭证被泄露，攻击者也难以绕过认证机制。这些措施有效防止了未授权访问和数据泄露，提高了信息系统的安全性。

（三）部署先进的技术防护措施

部署先进的技术防护措施，如加密和防火墙，是防止信息泄露的重要手段。数据加密可以确保即使数据在传输过程中被截获，攻击者也无法解读其内容。[①] 防火墙则用于监控和控制网络流量，阻止恶意访问和攻击。例如某医疗机构在处理病人数据时，采用了先进的加密技术对敏感信息进行加密存储和传输。所有医疗记录在存储前都经过高强度加密，确保即使数据被窃取也无法被解密。该机构部署了多层防火墙系统，对内部网络流量进行严格监控，并利用入侵检测系统识别和阻止异常活动。这些技术措施不仅保护了敏感信息免受外部攻击，还提升了整体的信息安全防护能力。

（四）定期进行安全审计与风险评估

定期进行安全审计与风险评估是确保信息安全措施有效性的必要步骤，通过系统化的审计和评估，组织可以发现潜在的安全漏洞和风险并及时采取补救措施。[②] 审计过程应包括对信息系统、数据保护策略和安全操作的全面检查，以确保所有安全措施的实施情况符合预定标准。例如一家大型零售企业每季度进行一次全面的安全审计，审查系统日志、访问记录和数据保护措施的执行情况。审计发现后，该企业会立即采取行动修复发现的漏洞，并更新其风险管理策略。企业还定期进行外部安全评估，邀请第三方安全专家对其系统进行渗透测试，评估潜

[①] 张玉芬. 医院电子档案管理与档案信息安全探析［J］. 中阿科技论坛（中英文），2020（4）：2.
[②] 王玉丽. 探析电子档案信息安全管理的挑战与对策［J］. 科技创新导报，2021，18（32）：3.

在的安全风险。通过这种方式，该企业能够持续改进其信息安全管理，降低信息泄露的风险，确保数据的安全性和完整性。（见表 2-1-1）

表 2-1-1　定期进行安全审计与风险评估行动方案及措施

行动方案	具体措施
定期进行全面安全审计	制订审计计划：每季度制订并执行全面的安全审计计划，审查系统日志、访问记录和数据保护措施的执行情况。检查实施情况：全面检查信息系统、数据保护策略和安全操作，确保符合预定标准
及时修复审计发现的漏洞	漏洞修复：对审计中发现的安全漏洞立即采取修复措施，更新系统和补丁。更新风险管理策略：根据审计结果调整和更新风险管理策略，以应对新发现的风险
定期进行外部安全评估	第三方渗透测试：定期邀请第三方安全专家进行渗透测试，评估系统的潜在安全风险。外部评估报告：获取并分析外部评估报告，识别系统中的新漏洞和改进点
持续改进信息安全管理	监控和反馈：持续监控信息安全状况，收集审计和评估反馈，不断改进信息安全管理措施。员工培训：定期对员工进行信息安全培训，提高整体安全意识和操作规范

防范信息泄露需要全面且系统化的措施，强化员工培训与意识提升能够提高员工对信息安全的认识和操作能力，减少人为错误引发的安全事件。实施严格的访问控制与权限管理，确保只有授权人员能够访问敏感数据，是防止未授权访问和数据泄露的关键。部署先进的技术防护措施，如加密和防火墙，能够有效保护数据传输和存储的安全，抵御各种网络攻击。定期进行安全审计与风险评估，帮助组织识别潜在的安全漏洞并及时修复，确保信息安全措施的有效性和持续改进。通过这些综合措施的实施，组织能够建立健全的信息安全体系，有效预防和应对信息泄露的风险。

第二节　档案管理中的信息篡改风险

一、信息篡改的手法与动机

信息篡改是对档案管理和数据完整性构成严重威胁的行为，其手法和动机多样且复杂。了解这些手法和动机对于制定有效的防范措施至关重要。技术手段如黑客攻击和恶意软件利用系统漏洞进行数据篡改；人为干预则涉及内部人员出于个人动机故意修改记录；物理手段则通过直接接触档案进行篡改；而动机分析则揭示了经济利益、报复心理和故意破坏等驱动因素。通过深入剖析这些手法和动机，可以帮助组织识别潜在风险，采取有效措施保障信息安全。

（一）技术手段

信息篡改的技术手段主要包括黑客攻击和恶意软件。这些手段利用漏洞、恶意代码或社会工程学技巧侵入系统并修改数据。黑客通常通过漏洞扫描、暴力破解或钓鱼攻击获取系统访问权限，从而进行数据篡改。例如某企业的数据库因未及时更新安全补丁，被黑客利用 SQL 注入漏洞成功入侵。黑客不仅窃取了敏感信息，还篡改了关键记录，导致企业财务数据出现错误。恶意软件如病毒、木马等也能通过感染系统进行数据篡改。例如一款勒索软件可以加密文件并要求赎金，攻击者在解锁之前可能会修改文件内容，导致数据完整性受损。这些技术手段严重威胁到档案管理系统的安全性，因此组织需要采取防御措施，如安装防病毒软件、定期更新系统补丁以及实施入侵检测系统等。

（二）人为干预

内部人员的故意篡改是信息篡改的一种常见手段，通常发生在拥有系统权限的员工手中。这种篡改行为可能出于个人利益、职场争斗或其他动机。例如一名财务部门的员工可能为了隐瞒财务失误或个人贪污，故意修改财务记录。某企业的一名财务人员在离职前，未经授权修改了公司的财务报表，导致审计过程中发现了虚假的财务信息。这种篡改行为对组织的财务健康、法律合规性以及声誉都会造成严重影响。为了防止此类问题的发生，组织应实施严格的权限管理，定期审计员工的操作记录，并建立健全的内部控制机制，以确保对敏感数据的操作都能受到有效监控和审查。

（三）物理手段

物理手段篡改信息指的是通过直接接触档案记录进行篡改，这种方式虽然较为原始，但仍然有效。包括直接修改纸质档案、伪造文件或篡改打印结果。例如一名员工可能在纸质档案中用修改液或其他方式对文档进行涂改，伪造数据。某公共机关发现，某些重要档案在纸质记录上被非法修改，从而导致文件内容与实际情况不符，影响了档案的真实性和可靠性。这种情况尤其在纸质档案没有有效的管理和保护措施时容易发生。因此，为了防止物理手段的篡改，组织应实施档案管理制度，如对纸质档案实施密封管理、定期检查以及使用档案保管箱等设施。推行电子档案管理，结合数字化保存和管理技术，也能有效减少物理篡改的风险。

（四）动机分析

信息篡改的动机多种多样，主要包括经济利益、报复心理和故意破坏。经济利益驱动通常表现为个人或团体为了获取非法利益而修改数据。例如某公司的一名员工篡改了销售记录，以便达到销售奖金的要求，从而获取不应有的经济利益。报复心理则指由于个人或职场不满，故意篡改信息以损害组织或个人。例如某员工因被解雇而篡改公司档案，试图通过制造混乱来报复公司。故意破坏则是有意损坏系统或数据，通常出于对组织的恶意。例如某竞争对手可能为了削弱某公司的市场地位，故意攻击其信息系统，篡改档案记录。这些动机使得信息篡改行为具有较高的隐蔽性和破坏性，因此，组织应加强对员工的背景审查和心理评估，建立健全的安全文化，及时发现和处理可能的内部威胁。

信息篡改的手法包括技术手段、人为干预、物理手段等，每种手法都有其独特的威胁和影响。技术手段如黑客攻击和恶意软件通过利用系统漏洞实施数据篡改，强调了技术防护的重要性。人为干预则涉及内部人员的恶意行为，凸显了权限管理和内部监控的必要性。物理手段通过直接修改纸质档案展示了传统档案管理的脆弱性，而动机分析揭示了信息篡改背后的驱动因素，如经济利益、报复心理和故意破坏，提醒组织在制定防范措施时需要考虑多种风险因素。综合考虑这些手法和动机，有助于组织建立全面的信息安全体系，增强对各种信息篡改行为的防护能力。

二、信息篡改对档案管理的影响

信息篡改对档案管理系统的影响是深远而多维的，数据完整性、决策准确性、组织声誉以及法律合规性等方面均可能受到严重干扰。数据完整性一旦遭到破坏，数据的准确性和可信度将无法保证，导致信任危机。档案管理决策失误则可能导致资源浪费和经营损失，对组织产生长远的负面影响。信息篡改对组织声誉的损害可能引发客户流失和市场份额的下降，影响与合作伙伴及投资者的关系。法律和合规风险的增加则可能导致法律诉讼和处罚，进一步增加组织的运营成本和风险，了解这些影响对于组织制定有效的防范策略至关重要。

（一）数据完整性的破坏

信息篡改直接影响数据的完整性，数据完整性是指数据在存储、传输和处理过程中保持准确、完整和可靠的状态。当信息被篡改时，数据的真实性和准确性遭到破坏，导致数据失去信任。例如某医疗机构的电子病历系统遭遇数据篡改，黑客入侵后修改了患者病历记录。结果，医生在提供治疗时依据了虚假的信息，可能导致患者接受错误的治疗方案。这种数据完整性的破坏不仅影响了患者的健康，还可能引发医疗纠纷，损害患者利益。为了保护数据完整性，组织需要实施严格的数据备份和恢复机制，定期进行数据完整性检查，并部署有效的入侵检测和防御系统。

（二）档案管理决策的失误

信息篡改会导致档案管理决策的失误，当档案记录被篡改后，决策者依据错误的信息做出决策，可能会产生不良后果。例如，某公司财务报告被篡改后，管理层根据虚假的财务数据做出扩展投资的决策。实际财务状况可能远比报告所示的要糟糕，结果公司在无效投资上浪费了大量资源，导致财务状况进一步恶化。这种决策失误不仅影响了公司的经营成果，也可能损害股东和员工的利益。为了避免决策失误，组织应确保档案数据的准确性和完整性，加强内部审计和监督，确保决策依据的数据是经过验证和可靠的。

（三）组织声誉与信任的损害

信息篡改对组织声誉和公众信任造成严重损害，当信息被篡改，尤其是涉及敏感或公共信息时，公众对组织的信任度会显著下降。例如，一家金融机构的客户数据被篡改，导致客户个人信息泄露或错误处理。事件被曝光后，该金融机构的声誉受到严重打击，客户对其服务的信任度大幅降低，导致客户流失和市场份额缩减。声誉受损的组织不仅面临客户流失的问题，还可能影响与合作伙伴和投资者的关系。为保护组织声誉，必须加强数据安全管理，及时修复安全漏洞，并在发生信息篡改时透明处理和沟通，重建公众信任。

（四）法律与合规风险的增加

信息篡改增加了法律与合规风险，许多国家和地区对数据保护和隐私有严格的法律法规，信息篡改可能导致违反这些法律，从而引发法律诉讼和处罚。例如某公司在数据篡改事件中未能及时报告和处理问题，结果违反了《通用数据保护条例》的要求，被监管机构罚款数百万美元。因信息篡改导致的法律诉讼和合规调查还可能消耗组织大量的资源和时间，影响正常运营。因此，组织需要建立健全的合规管理体系，确保遵守相关法律法规，并采取预防措施降低信息篡改的风险，及时应对和报告数据安全事件。

信息篡改对档案管理的影响表现为多个层面，数据完整性的破坏使得数据的准确性和可靠性受到威胁，可能导致重要决策基于错误信息。决策失误的风险显著增加，虚假的档案记录可能导致错误的业务决策，进而损害组织的财务状况和运营效率。组织声誉的损害也是一个不容忽视的问题，篡改事件曝光后会严重影响公众信任，可能导致客户流失和市场份额缩减。信息篡改还带来了法律与合规风险，可能触犯数据保护法规，引发高额的罚款和法律诉讼。因此，组织需要综合采取数据保护措施、加强内部审计和监督、维护良好的公众关系，并确保法律合规，以有效应对和降低信息篡改带来的风险。

三、信息篡改的检测与应对

在数字化时代，信息篡改成为各类组织面临的一项重大安全威胁。确保数据的完整性和安全性不仅关乎组织的运营稳定性,还直接影响到客户的信任与满意度。为有效应对这一挑战,组织需要采取综合措施,包括数据完整性检查、异常行为监控、日志分析及快速响应与恢复。通过这些措施,组织能够实时检测潜在的篡改行为,迅速采取修复行动并加强未来的防御策略,以保障信息系统的安全性。

(一) 数据完整性检查与校验

数据完整性检查与校验是确保数据未被篡改的基础措施,通过定期校验数据的准确性和完整性,可以及时发现异常情况。例如一家银行定期使用哈希算法对账户数据进行校验。如果数据被篡改,哈希值会发生变化,从而能够检测到数据的不一致性。这种检测方法可以识别数据的篡改行为,并采取相应的修复措施。数据完整性检查还包括利用校验和算法、数字签名等技术,确保数据在存储和传输过程中没有被篡改。这些措施有助于提高数据安全性,保护重要信息不受损害。

(二) 异常行为监控与告警

异常行为监控与告警系统能够实时检测和响应潜在的篡改活动,通过监控系统中的行为模式,可以识别出不寻常的活动,例如未授权的访问或异常的数据修改。例如一家医疗机构部署了行为分析工具,对电子健康记录系统进行监控。当系统检测到某用户在非工作时间频繁访问大量敏感数据时,会自动触发告警并通知安全团队。这种预警机制可以帮助组织及时响应潜在的篡改行为,防止信息泄露或数据损坏,并采取相应的安全措施。

(三) 日志分析与事件追踪

日志分析与事件追踪是识别和调查信息篡改的重要手段,通过记录和分析系统日志,可以追踪到数据修改的来源和过程。例如一家电商公司通过详细记录所有用户和系统的操作日志,当发现异常交易时,可以迅速回溯到篡改的具体操作步骤。日志分析可以帮助安全团队确定篡改的时间、方式和涉及的用户,从而制定更有效的应对措施。通过综合分析历史日志和事件记录，组织能够进行深入的事件调查，查明篡改行为的根本原因，并加强未来的防御策略。

（四）快速响应与恢复措施

快速响应与恢复措施在应对信息篡改事件中至关重要，事件发生后，组织需立即启动应急响应计划，以最小化损害并恢复系统的正常运作。例如当一家公司发现其财务系统的数据被篡改时，首先应迅速隔离受影响的系统，以防止进一步的篡改扩散。接着从最新的备份中恢复数据，并进行全面的系统检查，确认篡改行为是否已经完全清除。在恢复过程中，还需修复系统漏洞，强化安全防护，防止类似事件再次发生。组织应及时通知所有相关利益方，包括客户、合作伙伴和监管机构，透明地沟通事件的详细情况以及已采取的修复措施。这种透明度有助于重建信任，并减少对组织声誉的负面影响。有效的恢复措施包括数据恢复、系统修复和漏洞修补，以确保组织能够迅速恢复正常运营，并尽可能降低信息篡改带来的长期影响。（见表2-2-1）

表2-2-1　快速响应与恢复措施观点总结

观点	总结
启动应急响应计划	当发现信息篡改事件时，组织应立即启动应急响应计划。首先隔离受影响的系统，以防止篡改扩散。接着，从最新备份中恢复数据，进行全面系统检查，确认篡改行为被完全清除
修复系统漏洞和强化安全	在恢复过程中，需要修复系统漏洞并强化安全防护，以防止类似事件再次发生。通过对系统进行全面修复，增强安全措施，可以有效降低未来信息篡改的风险
透明沟通与通知利益方	及时通知相关利益方（客户、合作伙伴、监管机构），透明地沟通事件详情和修复措施。这种透明度有助于重建信任，并减轻事件对组织声誉的负面影响
有效恢复措施	包括数据恢复、系统修复和漏洞修补。这些措施确保组织能够迅速恢复正常运营，并最大限度降低信息篡改带来的长期影响

信息篡改的检测与应对需要多层次的策略来确保数据的安全和完整性，数据完整性检查与校验通过技术手段验证数据的准确性；异常行为监控与告警系统实时识别和响应潜在的篡改活动；日志分析与事件追踪帮助追溯篡改行为的具体过程，并为进一步的防御提供依据；快速响应与恢复措施则在事件发生后迅速修复

系统和数据，减少损害并恢复正常运营。通过这些全面的措施，组织能够有效预防和应对信息篡改带来的风险，提升整体的安全防护能力。

四、预防信息篡改的策略

在信息技术日益发展的今天，保护数据免受篡改已成为各组织的首要任务。信息篡改不仅可能导致数据的丢失和系统的破坏，还可能影响组织的信誉和客户信任。为有效预防信息篡改，组织必须采取全面的策略。这包括实施强有力的访问控制与权限管理，以限制对敏感信息的访问；应用数据加密与签名技术，以确保数据在存储和传输过程中的安全性；定期进行安全审计与漏洞扫描，以发现和修复潜在的安全隐患；以及制定信息篡改应急预案与培训，以提升应对篡改事件的能力。通过这些策略的综合运用，组织能够大幅度降低信息篡改的风险，确保数据安全。

（一）实施强有力的访问控制与权限管理

实施强有力的访问控制与权限管理是预防信息篡改的基础，通过制定细致的访问权限策略，组织能够限制用户对敏感信息和系统的访问，降低内部威胁的风险。应根据用户的岗位和职责分配权限，确保每个用户仅能访问其工作所需的资源。例如一家银行可以设置不同的权限级别，让客户服务人员只能查看客户信息，而财务人员则能够进行交易处理。定期审查和更新权限配置，以适应员工职位变动或离职情况。通过实施基于角色的访问控制或最小权限原则，组织可以有效减少数据篡改的风险。使用多因素认证来增加额外的安全层次，进一步防止未经授权的访问。这些措施共同确保了只有经过授权的人员才能进行敏感操作，从而减少了数据篡改的可能性。

（二）应用数据加密与签名技术

数据加密与签名技术是保护数据完整性和防止篡改的重要手段。加密技术可以将敏感数据转换为不可读的格式，只有拥有正确密钥的用户才能解密和读取数据。例如电子健康记录系统中的病人数据可以通过高级加密标准进行加密，确保即使数据在传输过程中被截获,攻击者也无法解读其内容。数字签名技术则通过生成数据的唯一指纹来验证数据的来源和完整性。例如一份合同文件可以通过数字签名进行签署,接收方可以使用公钥验证签名,确保文件在传输过程中没有被篡改。结合这两种技术,组织可以确保数据在存储和传输过程中的安全性,防止篡改行为对数据造成损害。

(三) 定期进行安全审计与漏洞扫描

定期进行安全审计与漏洞扫描是确保系统和数据安全的关键措施,安全审计通过系统检查、配置评估和合规性验证,帮助组织识别潜在的安全隐患。例如一家电子商务公司可以定期审查其支付系统的安全配置,确保符合最新的安全标准和法规要求。漏洞扫描工具则自动检测系统和应用程序中的漏洞和弱点,例如通过扫描工具发现未打补丁的漏洞或配置错误,及时修复这些问题可以防止攻击者利用这些漏洞进行篡改。结合定期的审计和扫描结果,组织可以针对发现的问题制定补救措施,提升整体的安全防护能力,减少数据篡改的风险。(见表2-2-2)

表2-2-2 定期进行安全审计与漏洞扫描实施方案

行动方案	具体措施
制订定期安全审计计划	制订每季度或半年度的安全审计计划,包括系统检查、配置评估和合规性验证。确定审计的范围和目标,例如支付系统、数据存储和网络设备
执行安全审计	进行系统检查和配置评估,确保系统符合最新的安全标准和法规要求。验证安全策略的实施情况,包括访问控制、加密策略和身份验证机制
使用漏洞扫描工具	使用自动化漏洞扫描工具定期检测系统和应用程序中的漏洞和弱点。分析扫描结果,识别高风险漏洞和优先处理的问题
及时修复发现的漏洞	对扫描工具发现的漏洞和配置错误立即采取修复措施,包括打补丁、更新配置和修正安全设置。确保修复过程中不影响系统的正常运行,避免安全漏洞被利用进行数据篡改
制订补救措施和改进计划	根据审计和扫描结果制订详细的补救措施和改进计划,以提升整体的安全防护能力。包括加强监控机制、加密敏感数据、加强员工培训等措施,防止未来数据篡改事件的发生

(四) 制定信息篡改应急预案与培训

制定信息篡改应急预案与培训是提高组织应对信息篡改事件能力的重要措施，组织应编制详细的应急预案，包括事件响应流程、职责分配和修复步骤。例如预案中应明确在发现数据篡改时的快速隔离步骤、数据恢复流程以及与相关利益方的沟通方式。应定期组织模拟演练和培训，提高员工对信息篡改事件的识别和响应能力。例如通过模拟演练员工可以熟悉在信息篡改事件中所需的操作步骤和沟通流程，从而在真实事件中能够迅速而有效地作出反应。培训还应涵盖数据保护和安全意识，帮助员工了解潜在的安全威胁和最佳实践。通过这些措施，组织可以建立完善的应急响应体系，提升在面对信息篡改事件时的应变能力。

预防信息篡改的策略涉及多个方面，旨在建立坚固的安全防线。强有力的访问控制与权限管理确保了只有授权人员才能访问敏感数据，从而减少了内部威胁。数据加密与签名技术保护了数据的机密性和完整性，即使数据在传输过程中被截获，也无法被篡改。定期的安全审计与漏洞扫描则帮助组织识别和修复系统中的潜在问题，降低安全风险。制定全面的信息篡改应急预案和开展培训，确保组织能够迅速有效地应对突发事件，减少潜在的损害。通过实施这些策略，组织可以建立强大的防护机制，维护数据的安全性与完整性。

第三节　档案管理中的信息丢失风险

一、信息丢失的原因分析

在现代档案管理中，信息丢失是一个不容忽视的问题，它可能对组织的运营和数据安全造成严重影响。信息丢失的原因多种多样，包括技术故障、人为错误、自然灾害和安全事件等。每种原因都有其独特的风险和挑战，因此，理解这些风险的根源对于制定有效的防护措施至关重要。通过深入分析这些原因，组织可以更好地应对潜在的威胁，确保档案的完整性和安全性。

（一）技术故障

技术故障是导致档案信息丢失的常见原因之一，硬件故障如硬盘损坏、服务器故障或电源问题，都可能导致存储在设备上的数据丢失。例如一家企业的关键业务数据存储在一台硬盘上，突然硬盘出现物理故障，导致数据无法读取或恢复。类似的，软件崩溃可能由于操作系统错误、应用程序故障或软件更新失败引发数据丢失。例如一款数据库管理系统在系统升级过程中出现崩溃，导致存储在数据库中的数据无法访问。为了应对这些技术故障，组织应定期备份数据，使用冗余存储系统，并进行系统维护和监控，及时发现并修复潜在的技术问题，以减少数据丢失的风险。

（二）人为错误

人为错误是档案信息丢失的另一主要原因，操作失误包括输入错误、文件覆盖和误删除等情况。例如一个员工在处理财务数据时不小心将重要文件覆盖成其他内容，导致原文件数据无法恢复。数据删除也可能因人为误操作而发生，例如某员工在清理旧文件时不小心删除了包含重要客户信息的文档。为了减少人为错误的风险，组织应建立严格的操作流程和权限管理，并提供定期的培训，增强员工的数据管理意识和操作技能。实施数据恢复机制，例如定期备份和版本控制，也可以在发生误操作时帮助恢复丢失的信息。

（三）自然灾害

自然灾害是导致档案信息丢失的严重风险因素，火灾可能摧毁存储在实体设备中的档案，如纸质文件和硬盘驱动器。例如一场火灾可能导致办公室内的档案室被完全焚毁，纸质档案和电子数据都将不可避免地丧失。水灾和地震同样也对档案安全构成威胁。水灾可能导致设备短路或文件受潮，地震则可能导致设备破损或数据中心的结构受损。为应对自然灾害，组织应考虑将档案和数据存储在安全的地点，实施灾难恢复计划，并考虑使用云存储和远程备份来确保在灾害发生时能够快速恢复数据。

（四）安全事件

安全事件，包括恶意攻击和病毒感染，是档案信息丢失的重要原因。恶意攻击如黑客入侵和数据勒索攻击，可能导致数据被篡改或删除。例如黑客通过入侵系统窃取敏感档案，或者实施勒索攻击加密文件，要求支付赎金才能恢复访问权限。病毒感染同样可能导致数据丢失，恶意软件可能破坏文件系统，导致数据不可用。例如一种蠕虫病毒可能感染企业的所有计算机，破坏存储的数据。为了防范这些安全事件，组织应实施全面的网络安全措施，包括防火墙、入侵检测系统和防病毒软件，并定期更新系统和应用程序，确保对最新的安全威胁有足够的防护。培训员工识别和防范网络攻击，提高整体安全意识。

信息丢失的原因复杂而多样，包括技术故障如硬件损坏和软件崩溃、人为错误如操作失误和数据删除、自然灾害如火灾和水灾，以及安全事件如恶意攻击和病毒感染。每种原因都可能对档案数据造成不可逆转的损失。为了有效应对这些风险，组织应采取综合措施，包括定期备份数据、建立严谨的操作流程、实施灾难恢复计划，并强化网络安全防护。这些措施将帮助组织降低信息丢失的风险，保障数据的长期安全和可用性。

二、信息丢失的后果评估

信息丢失对企业造成的后果是多方面的，涉及业务连续性、法律合规性、财务损失以及组织信誉等关键领域。数据丢失不仅可能导致业务中断，还会触发法律责任、增加修复和赔偿成本，并对企业的品牌形象造成长远影响。因此，全面评估信息丢失的潜在后果，对企业制定有效的应对策略至关重要。

（一）业务连续性的中断

信息丢失对业务连续性的中断具有深远的影响，数据丢失不仅会导致业务操作的停顿，还会严重影响公司的日常运作和整体稳定性。例如某金融公司若丢失了关键的交易数据，将面临无法处理客户交易请求的困境。这不仅会导致服务中断，还可能使客户无法完成交易或查询账户信息，从而显著影响客户体验。客户的挫败感和不满可能导致客户流失，进而影响公司的营收和市场份额。业务中断还可能导致公司错失市场机会，影响长期的业务发展。为了有效应对这些潜在的中断风险，企业应建立和维护一套完善的业务连续性计划和灾难恢复策略。这些措施包括定期进行数据备份，设置冗余系统以应对突发故障，以及制定详细的应急响应流程。通过模拟演练和测试，确保在数据丢失事件发生时，能够迅速恢复业务运营，将中断时间降到最少。企业还应建立清晰的沟通机制，及时通知客户和相关方，减少信息不对称带来的负面影响。实施这些策略可以显著提高企业的应急响应能力，保障业务的连续性和稳定性。

（二）法律合规性问题

数据丢失可能导致法律合规性问题，特别是对于数据保护法规的违反。[①] 例如根据《通用数据保护条例》，企业必须妥善保护个人数据的安全，一旦发生数据丢失或泄露，可能会面临法律制裁和高额罚款。某医疗机构若丢失了病人的医疗记录，可能不仅会遭遇法律诉讼，还会被监管机构处以重罚。为防范此类风险，组织应加强数据保护措施，确保符合相关法律法规，并在发生数据丢失时及时通知相关监管机构和受影响的个人。

（三）财务损失

信息丢失的财务损失包括修复成本和潜在赔偿，修复过程通常需要高昂的技术支出，如聘请数据恢复专家、进行系统修复和重新建立数据中心。[②] 例如一家电商公司若丢失客户数据，可能需要支付数万元的技术服务费用和系统更新费用。企业还可能面临因数据丢失而产生的赔偿责任。如果数据丢失导致合同违约或客户损失，可能需要支付赔偿金或面对法律诉讼，从而增加财务压力。为了减少这些损失，企业应制订详尽的数据管理和备份计划，定期进行数据备份，并考虑为数据丢失投保相关保险，以缓解潜在的经济负担。

---

① 李扬. 高校档案管理与信息安全研究 [M]. 北京：北京工业大学出版社，2020.
② 秦薇莉. 大数据背景下档案管理信息安全问题及对策浅析 [J]. 2021 (9): 14.

(四) 组织信誉的受损

信息丢失对组织信誉的损害尤为严重，它会影响客户信任和品牌形象。例如一家互联网公司若因数据丢失而泄露了用户的个人信息，可能导致用户对公司的信任度降低，影响客户的长期忠诚度和业务关系。负面的公众舆论和媒体报道也可能对品牌形象造成不可逆转的损害。例如某公司因数据泄露事件遭遇大量负面新闻和社交媒体的批评，导致品牌形象受损。为维护组织信誉，企业应积极沟通事件处理进展，采取有效的补救措施，并加强数据保护和安全措施，恢复客户的信任并重建品牌形象。

信息丢失带来的后果具有广泛而深远的影响，业务中断会影响企业的日常运作和市场地位，法律合规问题可能引发高额罚款和法律诉讼，财务损失则包括修复成本和潜在赔偿，而组织信誉的受损则可能削弱客户信任和品牌形象。企业应通过建立健全的数据保护措施和灾难恢复计划，确保能够迅速响应和恢复，以最大限度地减轻这些不利影响，保护企业的长期发展和稳定性。

三、信息丢失的恢复与补救

在现代企业管理中，信息丢失的风险不可忽视。有效的数据备份与恢复策略、灾难恢复计划的实施、应急响应流程的优化以及恢复验证与测试，都是确保业务连续性和数据完整性的关键因素。全面了解这些策略和流程，能够帮助企业在面对信息丢失事件时快速恢复运营，减少损失。下面将深入探讨数据备份与恢复策略、灾难恢复计划的实施、应急响应流程及恢复验证与测试的重要性和实施方法。

(一) 数据备份与恢复策略

数据备份是应对信息丢失的关键措施，包括全备份和增量备份两种主要策略。全备份指对所有数据进行完整备份，通常在备份窗口内定期进行。例如一家企业可以每天晚上对所有关键数据进行全备份，确保在数据丢失时可以恢复到最近的备份状态。全备份虽然可以提供最完整的数据恢复，但其存储需求和备份时间较长。增量备份则是基于上一次备份之后发生的变化进行备份，仅保存新增或修改的数据。例如企业每天进行增量备份，仅记录当天新增的数据或文件更改。增量备份的优势在于减少了存储空间和备份时间，但在恢复时需要结合最近的全备份和所有增量备份进行操作。通过合理规划全备份和增量备份的结合，企业可以在保证备份效率的确保数据恢复的完整性和及时性。定期检查备份的有效性和完整性也是确保备份策略有效性的关键步骤。（见表2-3-1）

表 2-3-1 数据备份与恢复策略观点总结

观点	总结
全备份	对所有数据进行完整备份，提供最完整的数据恢复。虽然存储需求和备份时间较长，但能确保在数据丢失时恢复到最近的备份状态
增量备份	基于上一次备份之后的变化进行备份，仅保存新增或修改的数据。减少了存储空间和备份时间，但恢复时需要结合最近的全备份和所有增量备份
全备份与增量备份结合	合理规划全备份和增量备份的结合可以提升备份效率，并确保数据恢复的完整性和及时性。例如企业每天进行全备份和增量备份的混合操作
定期检查备份有效性	定期检查备份的有效性和完整性是确保备份策略有效性的关键步骤。这可以确保备份数据在恢复时是完整和可用的，防止备份文件损坏或丢失

（二）灾难恢复计划的实施

灾难恢复计划的实施是信息丢失恢复过程中的核心部分，其中恢复时间目标和恢复点目标是两个关键指标。恢复时间目标指在发生灾难后，恢复业务运营所需的最长时间。例如某企业设定了4小时的恢复时间目标，这意味着在数据丢失事件发生后，企业需在4小时内恢复正常运营。设定合理的恢复时间目标可以帮助企业制定合适的资源配置和应急措施，确保业务的连续性。恢复点目标则是指数据丢失前的最大容忍时间点，即在恢复时可以容忍数据丢失的最大时间范围。例如若企业设定了1小时的恢复点目标，则表示在发生数据丢失时，允许数据丢失的最大时间为1小时。通过制定恢复时间目标和恢复点目标，企业可以有效规划数据备份频率和恢复流程，确保在灾难发生时能够快速恢复关键业务操作，最小化业务中断对运营的影响。

（三）应急响应流程

应急响应流程是处理信息丢失事件的关键环节，包括事故报告与处理两个主要步骤。事故报告是指在发现数据丢失或系统故障后，迅速将事件上报给相关部门和人员。例如一家企业在发现数据丢失后，应立即通知 IT 部门和管理层，启动应急响应流程。有效的事故报告流程应包括详细的事件描述、可能的影响评估和初步的处理建议，以便迅速采取措施。事故处理则包括具体的应急响应和恢复步骤，处理流程应包括数据恢复、系统修复、与用户沟通等方面。例如在处理过程中，企业可能需要恢复丢失的数据、修复受影响的系统，并及时向客户说明情况，提供支持和补救措施。建立标准化的应急响应流程，并定期进行演练，可以帮助企业在面临信息丢失事件时快速而有效地做出响应，减少对业务的负面影响。

（四）恢复验证与测试

恢复验证与测试是确保数据恢复有效性的重要步骤，旨在验证恢复后的数据完整性与可用性。恢复验证包括对恢复的数据进行全面检查，确保数据在恢复后与原始数据一致。例如在数据恢复后，企业应通过数据对比和完整性检查工具验证恢复的数据是否准确、完整，并确保数据没有丢失或损坏。恢复测试则是定期进行的演练，以检验恢复过程的可行性和有效性。企业可以模拟不同类型的数据丢失情境，进行实际的数据恢复操作，评估恢复过程中的问题和挑战。例如企业可以每季度进行一次恢复测试，以确保数据备份和恢复策略的有效性，及时调整应对措施。通过定期的恢复验证与测试，企业可以确保在数据丢失事件发生时，能够迅速恢复业务操作，并保障数据的完整性和可用性。

信息丢失的恢复与补救需要系统化的策略和流程，通过实施全备份与增量备份策略，企业能够有效管理存储需求和备份时间，确保数据恢复的完整性与及时性。灾难恢复计划中的恢复时间目标和恢复点目标为企业提供了明确的恢复标准，有助于规划资源配置和应急措施。应急响应流程则通过事故报告与处理，确保信息丢失事件能够迅速有效地应对。最终通过恢复验证与测试，企业能够检验数据恢复的有效性，确保在实际事件发生时能够快速恢复业务操作。综合这些措施，企业可以建立起强大的信息恢复能力,最大限度地减少数据丢失带来的影响。

四、避免信息丢失的保障措施

在现代信息化环境中,信息安全成为企业和组织管理的核心问题之一。确保信息的完整性、可用性和保密性不仅涉及技术层面的措施,也关乎员工的操作规范和管理流程。为了有效预防数据丢失和系统故障带来的风险,企业必须采取一系列全面而系统的保障措施。这些措施包括建立并维护完善的备份系统、制订与执行灾难恢复计划、进行定期的系统维护与升级,以及提高员工的安全意识与培训。通过这些综合性措施可以大大降低信息丢失的风险,保障业务的连续性和数据的安全性。

(一) 建立并维护完善的备份系统

建立并维护一个完善的备份系统是保障信息不丢失的关键措施,首先应确保备份数据的完整性和可靠性,这包括定期进行全量备份和增量备份,确保关键数据能够迅速恢复。例如某公司每周执行一次全量备份,并每日进行增量备份,这样一旦数据丢失,可以从最近的备份恢复数据。备份数据应保存在多个不同的物理位置,包括本地和远程存储。这样可以防止因灾难或设备故障导致备份数据的同时丢失。定期测试备份数据的恢复过程,确保备份系统在需要时能够顺利恢复数据。例如定期进行恢复演练,验证备份数据的有效性,确保在发生数据丢失时能够迅速恢复业务运作。(见表2-3-2)

表 2-3-2 建立并维护完善的备份系统行动方案及措施

行动方案	具体措施
定期进行全量和增量备份	每周执行一次全量备份,确保所有关键数据的完整备份。每日进行增量备份,记录当天新增或修改的数据
多地点存储备份数据	将备份数据保存在多个物理位置,包括本地存储和远程存储。确保备份数据存储在不同的设备上,以防止因灾难或设备故障导致数据丢失
定期测试备份恢复过程	定期进行恢复演练,验证备份数据的有效性和恢复过程。确保在数据丢失时,备份系统能够顺利恢复数据,验证恢复过程的效率和准确性

（二）制订与执行灾难恢复计划

制订与执行灾难恢复计划是保障信息安全的另一项重要措施，灾难恢复计划应详细描述在发生自然灾害、系统故障或其他突发事件时的应对步骤。需要识别和评估潜在的灾难风险，制定针对不同情况的恢复策略。例如如果发生火灾，计划中应包含数据迁移和恢复的具体步骤。建立明确的职责分工，指定专门的灾难恢复团队，确保在灾难发生时能够迅速采取行动。例如公司可以成立一个灾难恢复小组，负责协调应急响应和恢复工作。灾难恢复计划应定期进行演练和更新，确保所有相关人员熟悉计划内容，并根据实际情况进行必要的调整和改进。通过不断优化灾难恢复计划，可以提高在面对突发事件时的恢复能力和效率。

（三）进行定期的系统维护与升级

定期的系统维护与升级是防止信息丢失的重要措施之一，系统维护包括定期检查和修复系统漏洞、清理不必要的文件以及优化系统性能。升级则涉及安装最新的安全补丁和软件版本，以确保系统的安全性和稳定性。例如定期更新操作系统和应用程序，安装最新的安全补丁，可以防止潜在的安全威胁和漏洞被利用。系统维护还应包括定期备份数据，并验证备份数据的完整性，确保在系统出现问题时能够迅速恢复。系统维护还应关注硬件设备的状态，及时更换老化或故障的硬件组件，保证系统的正常运行。通过定期的维护和升级，可以有效减少系统故障和数据丢失的风险。

（四）提高员工意识与培训，减少人为错误

提高员工意识与培训是减少人为错误、保障信息安全的关键措施，首先需要定期对员工进行信息安全培训，讲解数据保护的重要性、常见的安全威胁以及如何防范这些威胁。例如培训员工识别钓鱼邮件和恶意软件，避免点击不明链接和下载未知附件。建立和推广信息安全政策和操作规范，确保员工在处理数据和使用系统时遵循最佳实践。例如制定强密码策略，要求员工定期更换密码，并使用多因素认证。定期进行安全意识测试和演练，评估员工对信息安全政策的理解和执行情况，及时纠正不当行为。通过提高员工的安全意识和技能，能够有效减少

人为错误，降低信息丢失的风险。

信息丢失的保障措施应从多个方面入手，以形成全方位的防护体系。建立并维护完善的备份系统是信息保护的基础，通过定期的全量和增量备份，确保数据能够在发生丢失时迅速恢复。灾难恢复计划的制定与执行确保了在面对突发事件时，组织能够有效地应对并恢复业务。系统维护与升级则通过定期检查和修复系统漏洞、安装最新的安全补丁来预防潜在的风险。提高员工意识与培训，能够减少人为错误对信息安全的威胁。综合运用这些措施，可以有效降低信息丢失的风险，保障组织的信息资产和业务运作的稳定性。

第四节　档案管理中的其他信息安全风险

一、信息窃取风险

信息窃取风险是现代组织面临的主要安全挑战之一，这些风险不仅影响数据的安全性，还可能对业务运营和声誉造成严重损害。主要的信息窃取风险包括黑客攻击、内部威胁、物理窃取和社交工程攻击。黑客攻击通过网络入侵手段窃取或破坏数据；内部威胁则涉及员工的恶意行为或权限滥用；物理窃取包括设备盗窃和未授权访问；社交工程攻击则利用心理操控诱骗信息泄露，理解和应对这些风险对于保护信息资产和维护组织安全至关重要。

（一）黑客攻击

黑客攻击是信息窃取风险中的一种主要威胁，黑客通过网络入侵手段非法访问系统和数据库，窃取、篡改或破坏数据。[1] 例如某金融机构的数据库曾遭受黑客攻击，攻击者通过利用系统漏洞获得了客户的敏感信息，如个人身份信息、银行卡信息等。这种攻击不仅造成了客户的经济损失，还对机构的声誉造成了严重影响。为了防范黑客攻击，组织需要实施多层次的安全措施，包括防火墙、入侵

---

[1] 孟智. 网络环境下人防档案信息安全管理策略探析 [J]. 2021 (36): 12.

检测系统和加密技术等。定期更新系统和应用程序的安全补丁，修补已知漏洞，是防止黑客入侵的重要手段。组织还应定期进行安全审计，识别潜在的安全隐患，从而提升防御能力。

（二）内部威胁

内部威胁是指员工或内部人员利用职务便利进行的信息窃取或滥用行为，恶意员工可能出于个人利益，非法访问、复制或泄露敏感数据。例如一名离职员工在离开公司前，偷偷将公司机密数据下载到个人设备上，以便在未来的竞争中使用。这类行为不仅直接导致信息丢失，还可能给公司带来长期的竞争劣势。为了防范内部威胁，组织应实施严格的权限管理和审计机制，确保每位员工只能访问其工作所需的数据和系统。还应定期进行员工背景调查和离职审查，并制定清晰的信息安全政策和行为规范，以减少内部威胁的发生。

（三）物理窃取

物理窃取包括对设备的盗窃和对未授权区域的访问，这种风险可能导致敏感数据的直接泄露。例如某公司的一台笔记本电脑被盗，笔记本中存储了大量的客户数据和公司机密信息。盗窃行为可能使这些信息落入不法分子手中，造成数据泄露或经济损失。为防范物理窃取，组织应加强对设备的物理安全保护措施，包括使用锁定装置、监控摄像头和门禁系统等。定期进行设备盘点，并对存储敏感数据的设备进行加密，确保即使设备被盗，数据也不容易被读取或使用。员工应接受培训，了解如何安全地处理和存储设备。

（四）社交工程

社交工程攻击通过操控受害者心理，诱使其泄露敏感信息。钓鱼攻击是最常见的社交工程攻击方式，攻击者伪装成可信赖的实体，发送虚假的电子邮件或信息，诱使受害者点击恶意链接或提供个人信息。例如某企业员工收到了一封伪装成公司IT部门发出的钓鱼邮件，该邮件要求员工点击链接并输入账户密码，结果导致大量敏感信息泄露。为防范社交工程攻击，组织应进行员工培训，提升其识别钓鱼邮件和其他欺诈手段的能力。定期进行模拟钓鱼测试，评估员工对社交工程攻击的应对能力，帮助他们识别并防范此类攻击。实施多因素认证和安全提示机制，可以进一步增强账户的安全性，防止信息泄露。

信息窃取风险涉及多个层面，包括网络安全、内部管理、物理保护和心理操控。黑客攻击通过利用系统漏洞进行数据盗窃，内部威胁源于员工的恶意行为或权限滥用，物理窃取则是设备盗窃或未授权访问的直接风险，而社交工程攻击则通过心理操控获取敏感信息。有效的风险管理需要综合运用技术防护、严格的权限管理、物理安全措施以及员工培训。通过针对性地加强这些方面的防护，可以显著降低信息窃取的风险，保护组织的信息安全和业务连续性。

二、信息滥用风险

信息滥用风险是当今数字化时代企业面临的重大挑战，涉及如何合理管理和保护数据。主要的滥用风险包括权限超越、数据共享滥用、信息篡改和隐私侵犯。这些风险不仅威胁到数据的完整性和安全性，还可能对组织的运营、声誉及合规性产生深远影响。例如未经授权的访问、数据的不当共享和篡改，及个人信息的泄露，都可能导致严重的后果。因此，了解这些风险并采取有效措施加以防范，对于维护数据安全和组织的长期稳定至关重要。

（一）权限超越

权限超越指的是用户访问了超出其授权范围的数据或系统，这种情况可能因权限管理不当或内部人员的故意行为而发生。例如一名财务部门的员工，利用自身的权限访问了人事部门的敏感数据，如员工工资信息和个人档案。这种未经授权的数据访问不仅可能导致数据泄露，还可能使个人隐私受到侵害。为了防范权限超越，组织需严格实施权限控制，定期审查用户权限设置，并确保只有经过授权的人员可以访问特定的数据和系统。使用基于角色的访问控制（RBAC）可以帮助确保员工仅能访问其工作所需的信息，同时记录并监控所有数据访问操作，以便发现和阻止潜在的违规行为。

（二）数据共享滥用

数据共享滥用发生在数据被不当共享或外部转发的情况下，比如某公司员工在未经上级批准的情况下，将公司内部的商业数据转发给了外部合作伙伴，可能导致公司商业机密泄露。数据共享滥用不仅可能破坏企业的竞争优势，还可能引发法律和合规问题。为防止数据共享滥用，组织应制定严格的数据共享政策，明确数据共享的流程和权限。实施数据分类和标记机制，确保只有经过授权的数据才能被共享。定期培训员工，提高其数据处理和共享的安全意识，确保他们遵守公司政策。

（三）信息篡改

信息篡改指的是未经授权的人员对数据进行伪造或恶意修改，这种情况可能会导致数据失真，从而影响决策的准确性和业务的正常运行。例如一名不法分子入侵某医疗机构的系统，篡改了病人的医疗记录，导致医生根据错误的信息作出错误的诊疗决定。为防范信息篡改，组织应实施数据完整性保护措施，如数据校验和审计跟踪。利用加密技术保护数据的完整性，确保数据在存储和传输过程中未被篡改。定期备份数据并保持备份的安全性，以便在数据被篡改或丢失时进行恢复。

（四）隐私侵犯

隐私侵犯涉及个人信息的泄露或滥用，这可能会严重损害个人隐私权。例如某社交媒体平台的数据库被泄露，导致用户的个人信息如姓名、地址和联系方式被公开。泄露的信息可能被恶意使用，导致诈骗或骚扰。为了保护个人隐私，组织需严格遵守数据保护法律法规，并实施有效的隐私保护措施。包括对个人信息进行加密，限制信息的访问权限，并制定明确的数据保留和删除政策。组织应开展隐私保护培训，增强员工的隐私保护意识，确保个人信息的安全处理。

信息滥用风险涵盖了权限超越、数据共享滥用、信息篡改和隐私侵犯等方面，权限超越可能由于管理不善或恶意行为导致数据泄露；数据共享滥用则可能使公司商业机密泄露，引发法律问题；信息篡改则威胁数据的准确性，影响决策；隐私侵犯则涉及个人信息的泄露和滥用，严重影响个人隐私权。为了应对这些风险，组织需实施严格的权限管理、明确的数据共享政策、完善的信息完整性保护措施及有效的隐私保护策略。通过综合防范这些风险，组织可以更好地保护数据安全，维护业务的健康运行。

三、信息污染风险

在信息化时代，信息污染风险成为企业和组织必须面对的重要问题。信息污染指的是信息的质量受到破坏，影响其准确性、完整性和可靠性。这类风险主要包括数据输入错误、系统故障、恶意软件攻击以及无意中传播错误信息等。每一种信息污染风险都可能导致严重的后果，如业务操作混乱、数据丢失、信息安全威胁以及组织声誉受损。因此，了解这些信息污染风险及其潜在影响，并采取有效的防范措施，对于确保信息系统的健康运行和数据的可靠性至关重要。

（一）数据输入错误

数据输入错误指的是在数据录入或更新过程中产生的错误信息，这种错误可能源于人工操作失误或自动化系统中的缺陷。举例来说，一家医院在录入病人信息时，因手动输入错误，将病人的体温记录为40°C而非实际的37°C，导致医生误诊。数据输入错误不仅会影响决策质量，还可能导致业务操作的混乱和不必要的风险。为了减少数据输入错误，组织可以采用多种措施，例如引入数据验证和校验机制，以自动检测和纠正明显错误。提供培训和指导，提升员工对数据录入的准确性意识，同时使用数据录入工具的自动填充和提示功能，以减少人工输入错误。定期进行数据质量审查和清理，确保数据的准确性和一致性，也是非常重要的预防措施。

（二）系统故障

系统故障是指由于软件缺陷、硬件问题或操作失误等原因导致的数据丢失或系统瘫痪，举例来说，一家金融机构因系统软件的漏洞，导致数据存储出现错误,结果在一次交易处理过程中丢失了大量客户交易记录。这类系统故障可能导致业务中断、数据丢失,并对客户信任造成严重打击。为了应对系统故障,组织应采取全面的预防和应急措施。包括定期更新和修补软件漏洞,实施强健的备份策略,确保数据的定期备份并保持备份数据的安全性。组织应建立完善的灾难恢复预案,以便在系统故障发生时,迅速恢复业务操作,最大限度地减少损失。

(三) 恶意软件

恶意软件包括病毒、木马、蠕虫等,其主要作用是破坏系统、盗取数据或进行其他有害操作。例如一家公司计算机系统感染了木马程序,黑客利用木马程序获得了公司内部的敏感信息,如财务报表和客户数据。恶意软件不仅对组织的信息安全构成威胁,还可能导致重大财务损失和声誉损害。为了防范恶意软件的攻击,组织应部署全面的防病毒和反恶意软件解决方案,定期更新病毒定义库并进行系统扫描。加强员工的安全意识培训,教育他们如何识别和避免潜在的恶意软件攻击,如不随意点击不明链接和下载不可信附件。定期进行系统安全审计,确保系统的安全性和稳定性。

(四) 无意中传播

无意中传播指的是在未经过审查或验证的情况下,发布和传播了不准确或误导性的信息。例如一名员工在公司内部通讯平台上错误地发布了有关公司财务状况的虚假信息,导致员工和客户对公司的财务健康产生误解。这类信息的错误传播可能损害组织的声誉,并引发不必要的混乱。为了防止无意中传播错误信息,组织应制定严格的信息发布流程,确保所有发布的信息经过审核和验证。建立信息发布的责任制度,明确谁可以发布信息以及审核的步骤。培训员工识别和纠正错误信息的能力,提升他们的媒体素养和信息处理能力,也是预防此类风险的重要措施。

信息污染风险涵盖了多个方面,其中数据输入错误是指在数据录入过程中出现的失误,可能导致信息不准确,从而影响决策和操作;系统故障则是由于软件缺陷或硬件问题引发的数据丢失或系统崩溃,需要通过定期备份和故障恢复预案加以防范；恶意软件攻击如病毒和木马能够破坏系统并窃取数据，因此应采用防病毒软件和安全培训来加强防护；无意中传播错误信息则可能导致公众误解和业务混乱，需通过严格的信息发布流程和审核机制进行控制。采取全面的预防措施和应急响应策略是有效管理信息污染风险的关键，以保障数据的准确性、安全性和完整性。

四、风险防范的综合策略

在信息技术飞速发展的今天，保障信息系统的安全性和稳定性已成为企业的首要任务。信息安全风险种类繁多，涵盖从数据泄露到系统攻击的各个方面。为了有效应对这些风险，企业必须采取全面且系统的风险防范策略。这些策略包括实施严格的安全政策与规程、部署多层次的技术防护措施、加强员工的安全培训与意识提升，以及定期进行审计与评估。这些措施旨在从根本上提高信息安全的防御能力，确保信息系统的可靠运行，维护企业的数据安全和业务连续性。

（一）实施全面的安全政策与规程

实施全面的安全政策与规程是确保信息安全的基础，企业需制定详细的安全政策，明确数据保护、访问控制和应急响应等方面的规定。[①] 例如一家金融公司制定了一套涵盖数据加密、身份认证、数据备份等的综合安全政策，并建立了专门的安全团队负责执行和监控。这些政策还包括员工的行为规范，如禁止使用未经授权的外部设备和访问敏感数据时需经过双重认证等。企业需要定期更新这些政策，以应对新出现的安全威胁。通过这些措施，可以有效降低信息泄露和数据丢失的风险，确保信息系统的稳定性和安全性。

（二）部署多层次的技术防护措施

部署多层次的技术防护措施是防御信息安全威胁的关键，企业应建立多重防御体系，包括防火墙、入侵检测系统和入侵防御系统。以防火墙为例，它能够阻

---

① 李聪.新形势下企业电子档案管理与档案信息安全探讨［J］.兰台世界，2022（6）：121-123.

止未经授权的访问，确保外部攻击无法直接进入内部网络。例如一家大型电商平台通过部署高性能防火墙，成功阻止了多次针对其数据库的网络攻击。入侵检测系统可以实时监控网络流量，识别异常活动，及时发出警报并采取措施，防止潜在的安全事件升级。通过多层次的技术防护措施，企业可以有效减少外部攻击和内部威胁，增强系统的安全性。

（三）加强员工培训与意识提升

加强员工培训与意识提升是确保信息安全的重要环节，无论技术防护多么先进，员工的安全意识和操作习惯也至关重要。例如一家科技公司定期举办信息安全培训，涵盖密码管理、识别钓鱼邮件和安全浏览等内容。通过模拟钓鱼攻击和安全案例分析，员工能够更好地识别和应对潜在的安全威胁。企业还应制定明确的安全操作指南，并进行定期评估和更新，以适应新的威胁和技术变化。员工的积极参与和正确操作能够大大降低信息安全事件的发生率，保护企业的数据资产。（见表2-4-1）

表2-4-1 加强员工培训与意识提升观点总结

观点	总结
员工培训的重要性	员工的安全意识和操作习惯对信息安全至关重要。即使技术防护措施再先进，没有员工的配合也难以保障信息安全
定期安全培训	定期举办信息安全培训，内容包括密码管理、钓鱼邮件识别和安全浏览等。通过模拟攻击和案例分析，提升员工识别和应对安全威胁的能力
明确安全操作指南	制定并定期更新明确的安全操作指南，以应对新的威胁和技术变化。确保员工掌握最新的安全操作规范，降低信息安全事件的发生率
员工积极参与	员工的积极参与和正确操作能够显著降低信息安全事件的发生率。企业应鼓励员工主动学习和实践信息安全知识，以保护企业的数据资产

（四）定期审计与评估，及时调整安全策略

定期审计与评估是保持信息安全策略有效性的关键措施，通过定期的安全审计，企业能够识别和修复潜在的安全漏洞。例如一家医院每季度进行一次全面的安全审计，检查系统配置、访问日志和数据保护措施。这些审计帮助发现系统中

的安全隐患和不符合规定的操作，从而及时进行修复和调整。定期评估安全策略的有效性，根据新的威胁和技术发展对策略进行调整，能够确保安全措施始终保持有效。通过持续的审计和评估，企业能够保持对信息安全的高度警惕，确保数据和系统的长期安全。

实施综合的风险防范策略是保护信息系统免受安全威胁的关键，首先制定并执行全面的安全政策与规程是信息安全的基础，它确保数据保护、访问控制和应急响应的规范化，从而减少信息泄露和数据丢失的风险。通过部署防火墙、入侵检测系统等多层次的技术防护措施，可以有效抵御外部攻击和内部威胁，提升系统的安全性。加强员工培训与意识提升，有助于增强全员的信息安全意识和操作规范，从而降低人为错误和安全事件的发生。定期进行审计与评估，及时调整安全策略，能够确保企业始终处于对信息安全的高度警觉中，及时修复漏洞并适应新兴的威胁。通过这些综合策略的实施，企业可以更好地应对各种信息安全风险，保护宝贵的数据资产和业务运营的连续性。

第三章 档案管理与信息安全的技术保障

第一节 信息技术在档案管理中的应用

一、信息技术的优势与特点

信息技术在档案管理领域的应用带来了革命性的变化,其优势和特点显著提升了档案处理的效率和安全性。通过自动化处理和快速检索,企业能够更高效地管理大量文档;加密技术和访问控制进一步增强了数据的安全性;多用户协作和远程访问功能则推动了数据共享的便利性;而大容量存储和备份功能则确保了数据的持久保存和高可用性。这些技术特点不仅优化了档案管理流程,还提升了企业的运营效率和信息安全水平。

(一)提高效率

信息技术在档案管理中显著提高了工作效率,通过自动化处理,企业能够大幅度减少人工操作的时间和成本。例如档案管理系统可以自动分类和标记文件,生成索引,以便于快速检索。举例来说,一家大型企业引入了电子档案管理系统后,文档的整理和检索时间从原来的几小时减少到几分钟。系统内置的智能搜索功能使得用户可以通过关键词迅速找到所需的文件,提升了工作效率和响应速度。自动化流程还可以减少人为错误,提高数据处理的准确性,进一步优化档案管理的整体效能。

(二)增强安全性

信息技术通过应用加密技术和访问控制来增强档案的安全性,加密技术可以确保档案在存储和传输过程中的机密性，即使数据被非法获取也无法被轻易解读。例如一家医疗机构使用数据加密技术保护病人的电子病历，只有授权用户才能访问这些加密的记录。访问控制系统通过权限设置来限制文件的访问范围，确保只有授权人员才能查看或编辑敏感信息。这些系统还能够记录访问日志，追踪用户行为，提供安全审计功能。通过这些措施，信息技术有效防止了数据泄露和未授权访问，确保了档案的安全性和完整性。

（三）数据共享

信息技术使得档案数据的共享和协作变得更加高效和灵活，通过云存储和协作平台，多个用户可以同时访问和编辑档案数据，实现实时协作。例如一家跨国公司使用云档案系统，允许全球各地的员工同时访问和更新项目文件，极大地提升了团队的协作效率。远程访问功能还支持在任何地点、任何时间访问档案，方便了外出办公和远程工作。这种多用户协作的模式，不仅优化了档案管理流程，还促进了信息的流动和共享，使得企业能够更快速地响应市场变化和内部需求。

（四）数据存储

信息技术提供了大容量存储和可靠的备份功能，确保档案数据的持久保存和安全。现代存储解决方案如网络附加存储和存储区域网络可以处理海量数据，支持企业大规模的数据存储需求。例如一家科研机构采用了云存储服务，不仅满足了其对大量实验数据的存储需求，还提供了自动备份功能。备份系统能够定期创建数据副本，防止因硬件故障、数据丢失或其他意外情况造成的数据损失。这些备份可以快速恢复，确保档案数据的高可用性和业务连续性。通过这些技术手段，企业能够有效管理和保护其关键数据资产。

信息技术在档案管理中展现了卓越的优势，自动化处理和快速检索功能极大提高了管理效率，减少了人工操作的时间和错误。加密技术与访问控制强化了档案的安全性，防止了数据泄露和未授权访问。数据共享功能通过支持多用户协作和远程访问，使信息流动更加顺畅，促进了团队的高效合作。大容量存储与备份功能则确保了数据的长期保存和恢复能力，保障了信息资产的安全性和可靠性。

通过这些技术优势，企业能够实现更为高效、安全和灵活的档案管理。

二、信息技术在档案管理中的创新应用

信息技术的迅猛发展为档案管理领域带来了前所未有的创新应用，极大地提升了管理效率和数据安全。云存储与云计算提供了灵活的存储解决方案和按需资源，解决了传统存储的瓶颈；人工智能通过智能分类和数据分析，显著提高了信息处理的自动化水平；区块链技术以其不可篡改的特性和审计跟踪功能，增强了数据的安全性和透明度；物联网技术则通过智能设备的实时监控和管理，提升了档案管理的智能化和动态化水平。这些技术的应用不仅优化了档案管理的各个环节，也推动了信息处理方式的根本变革。

（一）云存储与云计算

云存储和云计算技术在档案管理中的应用，显著提升了数据存储的灵活性和资源利用效率。云存储提供了几乎无限的存储空间，企业可以根据需要动态调整存储容量，避免了传统存储方式中物理空间不足的问题。例如某国际银行利用云存储解决方案，将客户档案数据迁移到云端，解决了原有数据中心存储容量的限制。通过云计算，企业不仅可以按需获取计算资源，还能根据业务需求快速扩展或缩减计算能力，优化成本结构。云存储平台通常配备了自动备份和灾难恢复功能，增强了数据的安全性和可靠性。云技术还支持远程访问，员工可以在任何地点通过互联网访问和管理档案，提高了工作的灵活性和效率。

（二）人工智能

人工智能在档案管理中的应用，为智能分类和数据分析带来了前所未有的可能性。人工智能技术可以通过机器学习和自然语言处理，自动识别和分类档案中的信息，减少了人工分类的工作量。例如一家大型律师事务所使用人工智能系统对案件档案进行自动分类和标签标注，系统能够根据文档内容自动识别案件类型、涉及人员等信息，并进行准确分类。人工智能还可以对大量档案数据进行深度分析，提取有价值的见解和趋势，从而支持决策制定和业务优化。例如通过对

历史数据的分析，人工智能系统可以帮助企业识别潜在的市场机会或客户需求，优化资源配置和战略规划。人工智能的引入，不仅提高了档案管理的效率，还提升了数据利用的价值和精确度。

（三）区块链技术

区块链技术在档案管理中的应用，提供了数据不可篡改和审计跟踪的强大能力。区块链以其分布式账本和加密算法，确保了数据记录的真实性和完整性。每一笔数据都以区块的形式记录，并通过链式结构链接，确保数据在任何环节都不可被篡改。例如一家金融机构采用区块链技术记录交易档案，所有交易记录都被加密并存储在区块链上，任何对数据的修改都会被立即记录和追踪，确保了档案的透明性和安全性。区块链还支持智能合约功能，能够自动执行和记录合同条款的履行情况，进一步增强了档案管理的合规性和审计能力。这种技术应用为档案管理提供了强有力的防伪和追溯保障，提高了系统的可信度和数据的安全性。

（四）物联网

物联网技术在档案管理中的应用，带来了智能设备的实时监控和管理。通过物联网，档案管理系统可以集成各种智能传感器和设备，实现对物理档案和存储环境的实时监控。例如一家档案馆使用物联网技术部署了温湿度传感器，实时监测档案存储环境的温度和湿度。这些传感器能够在检测到环境条件异常时，立即发送警报通知管理员，从而采取措施防止档案受损。物联网还可以用于智能定位系统，通过 RFID 标签跟踪档案的存取情况，自动记录和管理档案的流转。这种技术的应用，不仅提升了档案管理的自动化水平，还加强了档案的安全保护和管理效率。物联网技术使得档案管理更加智能化、动态化，有效减少了人为干预和管理成本。

信息技术在档案管理中的创新应用已成为推动现代化管理的关键因素，云存储与云计算技术为档案管理提供了无限的存储空间和灵活的资源配置，解决了传统存储的限制。人工智能则通过智能分类和数据分析，极大提高了档案处理的自动化程度和数据利用效率。区块链技术为档案数据提供了强有力的安全保障，确保了数据的完整性和透明度。而物联网技术通过实时监控和智能管理，使档案管理更加智能化和高效。这些技术的综合应用，使得档案管理在效率、安全性和智能化方面都实现了质的飞跃，为企业和机构的运营管理提供了坚实的技术支持。

三、信息技术应用中的挑战与问题

在信息技术的迅猛发展和广泛应用中，企业和组织面临着一系列关键挑战。数据安全问题、系统兼容性、技术成本以及用户培训等方面都是影响信息技术有效应用的核心问题。数据安全的威胁，包括信息泄露和网络攻击，对组织的运作和声誉构成了严重风险；系统兼容性问题使得异构系统间的集成变得复杂，影响数据流动和业务协同；技术成本的高昂则可能超出企业预算，增加财务压力；而用户培训的需求则影响新技术的实施效果和员工的工作效率。了解和应对这些挑战，对于确保信息技术的有效应用和组织的可持续发展至关重要。

（一）数据安全

在信息技术的广泛应用中，数据安全是最为关键的挑战之一。信息泄露和网络攻击对企业和组织的运营带来了严重威胁。信息泄露可能源于系统漏洞、内部人员失误或恶意攻击，导致敏感数据被未经授权的人员访问或窃取。例如一家大型医疗机构曾遭遇数据泄露事件，患者的个人医疗信息被非法获取并在黑市上交易，造成了严重的隐私侵害和信任危机。网络攻击如勒索病毒、DDoS 攻击等也对企业构成重大风险。勒索病毒攻击会加密企业数据，并要求赎金才能恢复访问，可能导致业务中断和财务损失。为了应对这些挑战，企业需要采取多层次的安全措施，包括数据加密、防火墙、入侵检测系统以及定期的安全审计和员工培训，以增强系统的抵御能力和减少数据泄露的风险。

（二）系统兼容性

在信息技术环境中，系统兼容性问题是企业面临的一大挑战。异构系统间的集成困难常常导致数据孤岛和信息流动不畅。不同的系统可能使用不同的技术标准和数据格式，导致它们之间的沟通和数据交换变得复杂。例如一家跨国公司在整合不同地区的 ERP 系统时，发现各地区系统使用了不同的数据结构和接口标准，导致数据整合困难，影响了全球业务的协同。为解决这一问题，企业可以采用中间件技术或数据交换平台，实现不同系统之间的数据转换和集成。推行统一的数据标准和接口规范也是减少系统兼容性问题的有效方法，能够提高系统之间的互操作性和数据共享能力。

（三）技术成本

技术成本是企业在信息技术应用中面临的另一个重要问题。采购和维护费用不仅包括硬件和软件的购买成本，还涉及系统的安装、配置、更新和日常维护。例如一家中型企业在引入新的 CRM 系统时，不仅需要支付软件许可费用，还需要额外的硬件投入、实施服务费用以及后续的技术支持和维护费用。这些成本往往会超出初期预算，给企业财务带来压力。为了控制技术成本，企业可以考虑采用云计算服务，将硬件采购和维护外包给服务提供商，按需支付资源使用费用。通过开放源代码软件或选择具有较高性价比的技术解决方案，也可以有效降低技术投资和运营成本。

（四）用户培训

随着信息技术的快速发展，新技术的引入常常要求用户进行培训和适应。这一过程可能会带来一定的挑战，因为员工需要花费时间学习新系统的操作和功能，适应新的工作方式。例如一家制造企业在引入先进的生产管理系统后，发现员工在初期的使用过程中效率低下，影响了生产进度。为应对这一问题，企业需要制订系统的培训计划，包括安排专业的培训课程、提供详细的操作手册和建立技术支持团队。通过分阶段的实施和逐步引导，帮助员工逐步适应新技术，能够有效减轻学习曲线带来的影响。员工的适应能力和技术素养的提升，是确保新技术应用顺利落地和发挥效益的关键因素。

信息技术应用中的挑战是多方面的，需要企业从多个角度入手进行应对。数据安全要求企业建立完善的防护机制以保护敏感信息；系统兼容性问题可以通过中间件技术和统一标准来缓解；技术成本的控制则可通过云计算服务和开源软件

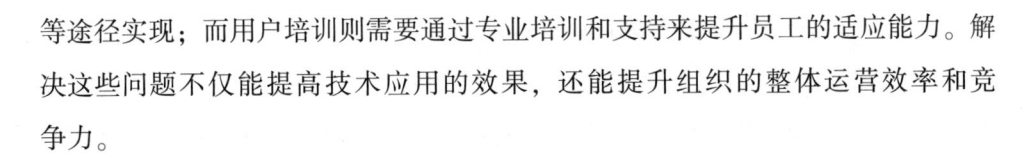

等途径实现；而用户培训则需要通过专业培训和支持来提升员工的适应能力。解决这些问题不仅能提高技术应用的效果，还能提升组织的整体运营效率和竞争力。

四、信息技术应用的优化方向

在现代信息技术环境中，优化应用以适应快速变化的市场需求和技术进步变得越来越重要。企业面临着多方面的挑战，从确保数据安全到系统集成、成本控制以及用户体验的提升。增强数据安全性不仅是保护敏感信息和企业资产的关键，也是在数字化时代中维护客户信任的基础。系统集成的改进可以打破数据孤岛，实现不同系统间的高效协同，提升整体业务效率。在降低成本方面，采用开源技术和优化资源配置能够帮助企业减少开支，同时维持高效运营。最后提升用户体验则直接关乎用户满意度和业务成功，通过优化界面设计和操作流程，企业能够提供更为便捷和友好的使用体验。这些优化方向相辅相成，共同推动信息技术应用的持续改进和企业的长远发展。

（一）增强数据安全性

为了应对日益复杂的网络威胁，企业必须采取多层次的数据安全防护策略。建立坚固的防火墙和入侵检测系统，以阻止外部攻击。[1] 实施数据加密技术，确保即使数据被盗取也无法被读取。定期进行安全审计，识别和修补系统中的安全漏洞是关键措施。例如一家金融机构通过部署多因素认证和加密技术，加强了对客户账户信息的保护，有效防止了数据泄露和未经授权的访问。进行及时的软件更新和漏洞修补也是保障系统安全的重要手段，确保所有已知的安全漏洞得到修复，减少被攻击的风险。通过这些综合措施，企业可以大幅提升其数据安全水平，保护敏感信息免受威胁。

（二）改进系统集成

系统集成的改进对于提升企业信息技术环境的效率至关重要。通过标准化和

---

[1] 何向. 浅议档案数字化管理与信息安全 [J]. 兰台内外, 2023 (2): 4-6.

接口兼容，可以有效解决异构系统间的数据孤岛问题。制定统一的数据标准和接口规范，以确保不同系统之间的数据交换能够顺畅进行。例如一家跨国公司在整合其全球 ERP 系统时，推行了统一的数据格式和 API 接口标准，极大地提高了系统间的数据流动性和操作效率。采用中间件技术可以实现不同系统之间的数据转换和集成，进一步提升系统的兼容性。通过这些措施，企业能够打破信息壁垒，提升数据整合和业务协同能力，从而优化整体的运营效率。

（三）降低成本

在信息技术应用中，降低成本是实现经济效益最大化的关键。开源技术提供了一种高效且经济的解决方案，其社区支持和自由使用的特点有助于减少软件许可费用。例如一家初创企业选择了开源数据库和内容管理系统，显著降低了 IT 基础设施的初期投资和运营成本。优化资源配置也可以有效控制技术成本。通过虚拟化技术和云计算服务，企业可以动态调整资源使用，根据实际需求按需支付，从而减少闲置资源和过度采购的浪费。这些措施不仅降低了技术投入，还提高了资源的使用效率，帮助企业在技术投资方面实现更高的成本效益。

（四）提升用户体验

提升用户体验是确保信息技术应用成功的关键因素，设计友好的用户界面和便捷的操作流程能够显著提高用户的满意度和生产力。界面设计应注重简洁直观，使用户能够轻松找到所需功能和信息。例如一家电子商务公司通过重新设计其网站界面，使得产品搜索和购物流程更加流畅，结果显著提升了用户的购物体验和转化率。操作便捷性也至关重要，系统应提供清晰的操作指南和帮助文档，以减少用户在使用过程中的困惑和错误。通过用户培训和系统的逐步引导，企业可以帮助用户更快地适应新技术，提升其整体使用体验和工作效率。优化用户体验不仅能增强用户满意度，还能推动业务的长期成功。（见表 3-1-1）

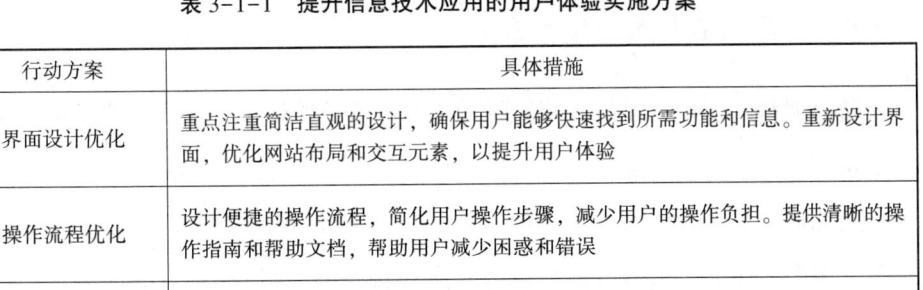

表 3-1-1 提升信息技术应用的用户体验实施方案

行动方案	具体措施
界面设计优化	重点注重简洁直观的设计，确保用户能够快速找到所需功能和信息。重新设计界面，优化网站布局和交互元素，以提升用户体验
操作流程优化	设计便捷的操作流程，简化用户操作步骤，减少用户的操作负担。提供清晰的操作指南和帮助文档，帮助用户减少困惑和错误
用户培训和系统引导	开展用户培训活动，教授用户如何正确使用系统和应用，提升其技术熟练度。设置系统引导功能，逐步介绍新功能和操作，帮助用户快速适应新技术

信息技术应用的优化是一个多维度的过程，涵盖数据安全、系统集成、成本控制和用户体验等方面。增强数据安全性通过多层次防护和及时漏洞修补，有效地保护了企业的敏感信息，减少了潜在的安全风险。改进系统集成则通过标准化和接口兼容，解决了异构系统间的数据孤岛问题，提升了业务协同和数据整合的效率。降低成本方面，开源技术和资源优化配置帮助企业在控制技术投资的保持了运营效率。提升用户体验则通过友好的界面设计和便捷的操作流程，增强了用户的满意度和使用效率。综合这些优化措施，企业能够在竞争激烈的市场中保持优势，实现信息技术应用的全面升级和业务的可持续发展。

第二节　信息安全技术在档案管理中的实施

一、信息安全技术的种类与选择

在信息时代，档案管理的安全性至关重要。为了保护档案数据不受威胁，企业必须采用多种信息安全技术。防火墙与入侵检测系统通过建立防护边界和实时监控，确保网络安全。加密技术则保障数据的机密性和完整性，包括存储和传输过程中的加密。身份认证与访问控制通过多因素认证和权限管理，防止未经授权的访问。数据备份与恢复技术通过定期备份和灾难恢复预案，确保数据在发生意外时能够迅速恢复。综合运用这些技术，企业可以有效保护档案数据的安全和完整性。

（一）防火墙与入侵检测系统

防火墙和入侵检测系统在档案管理中发挥着重要作用，主要负责网络防护和异常检测。防火墙通过建立安全的网络边界，阻止未授权访问和潜在的恶意流量。它能够过滤进出网络的数据包，阻止非法访问和潜在的网络攻击。例如企业档案管理系统中的防火墙可以配置为只允许特定 IP 地址和端口的访问，从而减少外部威胁。入侵检测系统则实时监控网络流量和系统活动，识别异常行为或已知攻击模式。当发现潜在的入侵行为时，防火墙和入侵检测系统会发出警报，帮助管理员迅速采取行动。例如如果系统检测到异常的登录尝试或不寻常的文件访问，管理员可以立即调查并采取相应的安全措施。通过结合防火墙和入侵检测系统，企业能够建立多层次的防护机制，保障档案系统的安全性和完整性。

（二）加密技术

加密技术在档案管理中用于保护数据的机密性和完整性，包括数据加密和传输加密两方面。数据加密涉及对存储在磁盘上的档案数据进行加密处理，以防止未经授权的访问。通过使用加密算法，如高级加密标准，企业可以确保即使数据被窃取，攻击者也无法读取其内容。例如公司可以对员工档案数据进行高级加密标准加密，只有授权用户才能解密和访问这些数据。传输加密则保护数据在传输过程中的安全性，防止数据在网络中被截获或篡改。常见的传输加密协议包括 SSL/TLS，它们通过加密数据流量来确保数据在传输过程中的保密性和完整性。例如，当用户通过公司内部网络访问档案系统时，SSL/TLS 协议能够保护用户与系统之间的通信不被窃听或篡改。加密技术的应用确保了档案数据在存储和传输过程中的安全，防范了数据泄露和信息篡改的风险。

（三）身份认证与访问控制

身份认证与访问控制是保护档案管理系统的核心技术，涉及多因素认证和权限管理两方面。多因素认证通过要求用户提供多种认证方式（如密码、短信验证码或生物识别信息）来验证身份，增加了系统的安全性。例如一名员工在登录档案管理系统时，除了输入密码外，还需要通过手机接收到的验证码进行身份验证，从而防止密码被盗用的风险。权限管理则通过设置用户访问权限，确保只有授权人员能够访问特定的档案信息。系统管理员可以根据岗位职责和业务需求，为不同用户分配相应的访问权限，限制其对敏感数据的访问。例如只有档案管理员才能修改和删除档案记录，而普通员工只能查看和查询相关信息。通过有效的身份认证和权限管理，企业能够控制对档案数据的访问权限，降低内部和外部的安全风险。

（四）数据备份与恢复技术

数据备份与恢复技术是确保档案管理系统数据安全的重要手段，包括定期备份和灾难恢复两方面。定期备份指的是按照预定的时间间隔对档案数据进行备份，以防止数据丢失或损坏。例如公司可以每天自动备份档案数据，将备份文件存储在不同的物理位置或云存储中，从而保障数据在发生意外情况时能够恢复。灾难恢复则是在发生重大系统故障或数据丢失时，迅速恢复业务运作的能力。例如当公司数据中心遭遇火灾或自然灾害时，灾难恢复计划将启用备用数据中心，以恢复丢失的档案数据并恢复系统运行。通过定期备份和完善的灾难恢复计划，企业能够在面对各种突发事件时迅速恢复档案数据，保障业务连续性和数据完整性。

在现代档案管理中，信息安全技术的应用至关重要。通过实施防火墙与入侵检测系统、加密技术、身份认证与访问控制，以及数据备份与恢复措施，企业可以建立一个多层次的安全防护体系。防火墙和入侵检测系统维护网络安全，加密技术保障数据的保密性和完整性，身份认证与访问控制确保数据的权限管理，而数据备份与恢复技术则应对突发事件。全面应用这些技术，企业能够有效降低数据泄露、篡改和丢失的风险，从而确保档案管理系统的稳定和安全。

二、信息安全技术在档案管理中的具体应用

在档案管理领域，信息安全技术的应用至关重要。随着数据量的增加和信息化程度的提高，确保档案的机密性、完整性和可用性变得更加复杂。加密存储和

安全备份技术保障了档案在存储中的安全，防止数据丢失和未授权访问。档案传输中的加密和安全协议防止了数据在传输过程中被截获或篡改。用户访问控制和权限审计技术则通过精细的权限管理和监控手段保护档案系统的安全。这些技术共同构建了一个全面的档案管理安全体系，为档案数据的安全和完整性提供了强有力的保障。

（一）档案存储

在档案管理中，加密存储和安全备份是确保档案数据安全的关键技术。加密存储技术通过将档案数据转化为只有授权用户才能解密的格式，从而防止数据被未经授权的访问者窃取或篡改。例如使用高级加密标准对档案进行加密，确保即使数据被盗取，未经授权的用户也无法读取内容。安全备份则涉及将档案数据定期复制到不同的存储介质或位置，以防止因硬件故障、自然灾害或恶意攻击导致的数据丢失。通过定期的增量备份和全量备份，能够有效保障档案的完整性和可恢复性。例如在企业中，定期将档案数据备份到异地的云存储服务，能够在发生数据损坏或丢失时迅速恢复业务运行。

（二）档案传输

档案传输过程中的加密和安全协议是防止数据在传输过程中被截获或篡改的重要措施。加密传输技术通过对传输的数据进行加密处理，确保只有授权的接收方能够解密和读取数据。例如使用传输层安全协议对网络传输的数据进行加密，能够有效防止中间人攻击和数据窃取。文件传输协议提供了对文件传输过程中的加密保护，避免了传统文件传输协议中数据被窃取的风险。这些技术保障了档案在传输过程中的机密性和完整性。

（三）用户访问

基于角色的访问控制和权限审计是管理用户访问权限的重要手段，基于角色的访问控制通过为不同角色分配不同的访问权限来控制用户对档案系统的访问。例如财务部门的员工只能访问财务相关档案，而人事部门的员工只能访问与员工信息相关的档案。这样的权限设置确保了用户仅能访问与其工作职责相关的档案，从而减少了数据泄露的风险。权限审计通过记录用户对档案系统的访问行为，提供了详细的日志信息。这些日志可以用于检测异常访问行为和进行安全审计。例如定期检查权限日志可以帮助识别并调查未授权的访问尝试，确保系统的安全性。

（四）监控与审计

监控与审计是保障档案管理系统安全的有效方法，日志记录技术能够详细记录系统操作和用户行为，为后续的安全分析和问题追踪提供依据。例如系统可以记录用户的登录时间、操作行为以及访问的档案信息，这些日志信息对识别潜在的安全威胁和排查故障非常重要。实时监控技术则通过对系统进行持续的监控，及时发现异常活动和潜在的安全威胁。例如通过设置异常行为检测规则，系统能够在检测到异常登录尝试或数据访问模式时，立即发出警报并采取应对措施。这些监控和审计技术帮助确保档案管理系统的安全性和数据的完整性。

信息安全技术在档案管理中的应用涵盖了存储、传输、用户访问及监控等多个方面，通过加密存储和安全备份，确保档案数据的安全和可恢复性；通过加密传输和安全协议，防止数据在传输过程中的截获和篡改；通过基于角色的访问控制和权限审计，严格管理用户访问权限，减少数据泄露风险；通过监控与审计技术，实时发现并应对潜在的安全威胁。最终，这些技术综合作用，提升了档案管理系统的安全性，保障了档案数据的保密性和完整性。

三、信息安全技术实施的效果评估

在信息安全技术实施的过程中，评估其效果至关重要。这不仅有助于确保安全措施的有效性，还能优化系统性能和用户体验。安全事件记录、数据保护效果、系统性能影响以及用户反馈四个方面构成了评估信息安全技术实施效果的核心指标。通过对这些指标的深入分析，企业可以全面了解其安全技术的实际表现，并做出相应的调整，以实现最优的安全保障和用户满意度。

（一）安全事件记录

安全事件记录是评估信息安全技术实施效果的重要指标之一，事件频率指系统中发生的安全事件数量，包括未授权访问、数据篡改等。通过记录这些事件，可以评估现有安全措施的有效性。例如，如果某企业在实施了新的防火墙和入侵检测系统后，发现安全事件频率显著降低，这表明这些技术有效减少了安全威胁。响应时间是指从发现安全事件到采取行动的时间长度。较短的响应时间表明系统能够迅速应对安全威胁。例如当系统检测到异常登录行为时，若能够在几分钟内自动锁定账户并发出警报，则说明事件响应机制高效。通过分析事件频率和响应时间，可以判断信息安全技术是否有效，并针对潜在问题进行优化。

（二）数据保护效果

数据保护效果是评估信息安全技术实施成效的关键因素之一，主要通过数据泄露事件的发生率来衡量。[①] 数据泄露事件发生率是指在一定时间内，实际发生的数据泄露事件数量与总数据量的比例。例如一家金融机构实施了高级加密标准和数据丢失防护技术后，监测到数据泄露事件的发生率显著降低，这表明这些技术有效保护了数据的安全。具体来说，如果在技术实施前每季度发生两起数据泄露事件，而实施后降至零或只有极少数事件，这可以认为数据保护技术取得了显著成果。通过对数据泄露事件的详细分析和统计，企业可以评估现有数据保护措施的有效性，并及时调整策略以进一步提高保护效果。

（三）系统性能影响

信息安全技术的实施对系统性能的影响不可忽视，技术实施可能会对系统速度和稳定性产生一定的影响。例如数据加密和解密过程可能会增加系统的处理负担，从而影响处理速度。实时监控和日志记录也可能消耗系统资源。因此，在评估安全技术实施效果时，需要分析这些技术对系统性能的具体影响。例如在实施

---

① 赵海涛，杨莎莎，王琢琴. 高校档案信息安全管理与应用探讨 [J]. 科技创新与生产力，2019 (6)：4.

了全面的加密解决方案后，如果发现系统响应时间从平均 1 秒延长至 1.5 秒，且系统稳定性未受明显影响，这表明安全技术的性能影响在可接受范围内。通过定期进行性能测试和系统监控，可以评估安全技术对系统速度和稳定性的实际影响，并对技术配置进行优化，以平衡安全性与性能。

（四）用户反馈

用户反馈是评估信息安全技术实施效果的另一重要方面，涉及技术实施对用户体验的影响。用户体验包括系统使用的便捷性、操作的流畅度以及对安全措施的感知。例如在引入多因素认证后，用户可能会感觉到登录过程变得繁琐，从而影响其使用体验。此时，通过用户调查和反馈收集，企业可以了解用户对新技术的适应情况和满意度。例如，如果大多数用户反馈，尽管多因素认证增加了登录步骤，但他们认为这种额外的安全措施值得付出，表明用户对安全技术的接受度较高。通过分析用户反馈，可以调整安全措施的实施方式，优化用户体验，并确保在保证安全性的同时不妨碍用户的日常操作。

有效的信息安全技术实施应通过多方面的评估来确保其成效，安全事件记录能揭示技术的防护能力，数据保护效果则直接反映了技术对数据安全的贡献。系统性能影响评估帮助了解技术对系统运行的实际负担，而用户反馈则提供了关于技术对用户体验的影响的重要信息。综合考虑这些因素，企业可以更好地优化信息安全技术，平衡安全与性能，提升用户满意度，从而实现信息安全的最终目标。

四、信息安全技术实施的改进建议

在数字化时代的背景下，信息安全成为企业运作中的核心问题之一。随着信息技术的迅猛发展，新的安全威胁层出不穷，这要求企业必须不断改进和优化信息安全技术以应对不断变化的挑战。信息安全技术的有效实施不仅依赖于先进的技术和配置，还需注重用户培训和系统监控。下面将探讨在信息安全技术实施过程中，如何通过技术升级、优化配置、提供培训与支持以及加强监控等方面进行改进，以提升信息安全防护的有效性和系统的整体稳定性。

（一）技术升级

信息安全技术的快速发展使得企业必须不断跟进新兴的安全技术，并及时更新现有系统。新技术如人工智能和机器学习在威胁检测和响应方面具有显著优势。例如人工智能可以帮助系统识别和响应复杂的攻击模式，而机器学习算法可以通过分析大量数据发现潜在的安全威胁。因此，企业应定期评估和引入这些新兴技术，以保持防护的前沿性。系统的更新也是必要的，以修补已知的漏洞并提高整体安全性。例如定期更新操作系统和应用程序补丁，可以修复安全漏洞，防止被攻击者利用。企业还可以通过采用最新的加密算法和防火墙技术，提升数据保护能力。跟进新技术和更新系统是确保信息安全防护持续有效的关键。

（二）优化配置

优化信息安全系统的配置和设置是提高系统效率和安全性的关键步骤，通过细化安全策略和调整系统参数，可以显著提升防护效果，并减少资源浪费。例如在防火墙配置中，企业可以根据实际需求调整规则，确保只允许必要的流量通过，同时屏蔽潜在的攻击源。这不仅可以提高系统的安全性，还能优化网络性能。对于入侵检测系统，通过合理配置检测规则和阈值，可以减少误报和漏报，提高检测的准确性。系统的日志记录和分析功能也应根据实际需求进行优化，以确保及时发现和响应安全事件。例如通过调整日志记录的详细级别和存储方式，可以提高数据分析的效率，并减少对系统性能的影响。优化配置不仅能提升安全效果，还能确保系统运行的高效性和稳定性。

（三）培训与支持

提供持续的用户培训和技术支持对于提升信息安全技术的实施效果至关重要，用户培训不仅可以增强员工的安全意识，还能提高他们对新技术的使用熟练度。例如定期组织网络安全培训课程，可以帮助员工了解最新的安全威胁和最佳实践，从而减少因人为错误导致的安全风险。技术支持则确保了用户在遇到问题

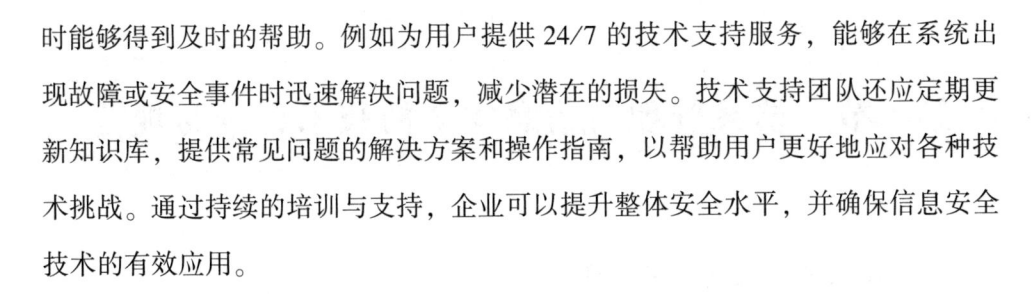

时能够得到及时的帮助。例如为用户提供 24/7 的技术支持服务，能够在系统出现故障或安全事件时迅速解决问题，减少潜在的损失。技术支持团队还应定期更新知识库，提供常见问题的解决方案和操作指南，以帮助用户更好地应对各种技术挑战。通过持续的培训与支持，企业可以提升整体安全水平，并确保信息安全技术的有效应用。

（四）加强监控

提升监控系统的智能化和自动化水平是改进信息安全技术实施的重要方面，现代信息安全威胁复杂且多变，传统的监控方法可能无法及时发现和响应新型攻击。因此，采用智能化和自动化的监控系统，可以大大提升威胁检测的效率和准确性。例如智能监控系统能够通过实时数据分析和模式识别，自动检测异常行为和潜在的攻击，从而提前发出警报。这些系统还可以集成自动响应功能，如自动隔离可疑的设备或阻断异常的网络流量，以迅速应对安全威胁。自动化的日志分析和报告生成工具能够减轻人工分析的负担，提高问题排查和解决的效率。通过加强监控系统的智能化与自动化，企业能够更有效地保护信息资产，降低安全风险，并提升整体的安全防护能力。

为了应对信息安全威胁的不断演变，企业需要在信息安全技术实施中采取一系列改进措施。技术升级是确保防护系统始终处于前沿的关键，包括定期引入新技术和更新系统补丁。优化配置能够提高系统效率和安全性，通过细化策略和调整设置来减少资源浪费和增强防护效果。持续的用户培训和技术支持对于提升员工的安全意识和操作技能至关重要，同时保证在遇到问题时能够迅速得到帮助。加强监控系统的智能化和自动化水平可以有效提升威胁检测的及时性和准确性，进一步降低安全风险。通过综合运用这些改进措施，企业能够实现更强的安全防护能力，并在信息安全管理上取得更大的成功。

第三节　档案管理与信息安全的技术标准与规范

一、技术标准与规范的重要性

在现代企业和组织的运营中，技术标准与规范的制定和遵循至关重要。这些标准不仅涉及信息安全和档案管理，还涵盖了系统集成、数据保护和合规要求等多个方面。技术标准的存在确保了操作流程的统一性，提升了系统的稳定性和兼容性；它们还增强了信息安全，防范了数据泄露和丢失的风险，并且帮助企业遵守法律法规，从而降低了法律风险。遵循行业认可的技术标准能够增强用户和利益相关者的信任，提升企业的专业形象和市场竞争力。下面将深入探讨技术标准与规范在确保一致性、安全性、合规性以及增强信任方面的重要性，以阐明其在现代业务环境中的关键作用。

（一）确保一致性

在档案管理和信息安全领域，技术标准与规范的主要作用之一是确保操作流程和技术要求的一致性。这种一致性能够显著提高系统的可维护性和操作效率。统一的技术标准为不同部门和团队提供了明确的操作指南，使得每个环节的工作流程都能够遵循相同的规则，从而减少了由于操作不一致而导致的潜在问题。例如 ISO 27001 信息安全管理体系标准为企业提供了建立、实施、维护和持续改进信息安全管理体系的指南。这种标准化的操作流程可以帮助企业在不同的业务单元之间实现有效的协调与沟通，避免由于技术配置和操作方法的差异而引发的冲突和错误。统一的技术标准还能简化系统集成和升级过程，提高系统的兼容性和稳定性。例如当企业将新软件集成到现有系统中时，遵循统一的技术标准可以减少兼容性问题，从而加速集成进程。技术标准与规范通过确保一致性，提高了系统的整体效率和稳定性。

（二）提升安全性

技术标准与规范在提升信息安全性方面发挥着至关重要的作用。通过制定并遵循相关的安全标准，可以有效防范信息泄露和数据丢失等安全问题。例如采用符合国际标准的加密算法和安全协议可以保护数据在传输和存储过程中的安全，防止未经授权的访问和篡改。信息安全标准还通常包含有关数据备份、恢复和访问控制的要求，这些要求帮助企业建立健全的数据保护机制。通过定期备份数据并实施严格的访问控制策略，可以确保在发生系统故障或安全事件时，数据能够迅速恢复，减少业务中断和数据丢失的风险。技术规范中常见的安全审核和监控要求，也能帮助企业及时发现和应对潜在的安全威胁。通过制定并实施技术标准和规范，企业能够显著提升信息安全性，减少信息泄露和数据丢失的风险。

（三）合规要求

遵守技术标准与规范对于满足法律法规和行业标准的合规要求至关重要，随着数据保护法律和行业标准的不断更新，企业必须确保其档案管理和信息安全实践符合最新的法律法规。例如欧洲的通用数据保护条例对企业的数据处理和隐私保护提出了严格要求，而美国的健康保险可携带性和责任法案则规定了医疗信息的安全管理要求。企业通过遵循这些法律法规，能够避免法律风险和潜在的财务处罚。例如，通用数据保护条例要求企业实施数据保护措施并进行定期审计，以确保个人数据的安全和隐私。行业标准如 ISO 27001 和 ISO 9001 也提供了合规的框架，帮助企业在信息安全和质量管理方面达到国际水平。遵循这些标准不仅有助于确保企业运营的合法性，还能提高其在行业中的竞争力。技术标准与规范通过帮助企业满足合规要求，降低了法律风险，并促进了业务的合法合规发展。

（四）增强信任

技术标准与规范在增强用户和利益相关者的信任方面发挥了重要作用，遵循行业认可的技术标准不仅能提升企业的专业形象，还能增强用户对企业处理其信息的信心。例如获得 ISO 27001 认证的企业通常被视为在信息安全管理方面具有较高水平的组织,这种认证能够向客户和合作伙伴证明企业对信息安全的重视和投入。这种信任对于吸引客户和建立长期合作关系至关重要。在金融、医疗和公共服务等高敏感度领域,技术标准与规范的遵循更是客户信任的基础。例如金融机构遵循 PCI-DSS 标准处理客户支付信息,可以增强客户对其支付系统的信任。对于企业而言,透明的技术标准和规范还能够提升股东、投资者和业务合作伙伴的信心,这有助于企业获得更多的商业机会和资源支持。通过遵循技术标准和规范,企业能够提升用户和利益相关者的信任,进而推动业务的稳定和发展。

技术标准与规范在档案管理和信息安全领域发挥着不可替代的作用,它们通过确保一致性,提高了系统的可维护性和操作效率,减少了操作不一致带来的潜在问题。技术标准与规范在提升安全性方面至关重要,通过规范的加密算法和严格的安全协议,有效防范信息泄露和数据丢失。它们帮助企业满足法律法规和行业标准的合规要求,降低了法律风险,并促进了业务的发展。遵循技术标准与规范能够增强用户和利益相关者的信任,提升企业的专业形象和市场竞争力。技术标准与规范不仅是企业高效运营和风险管理的基础,也是建立长久客户关系和推动业务发展的重要保障。

二、档案管理与信息安全的技术标准现状

在全球化和数字化不断推进的背景下,档案管理和信息安全已成为企业和组织关注的核心问题。为了确保信息资产的安全性和档案管理的有效性,众多技术标准和规范应运而生。这些标准不仅涵盖了国际、国家、行业和技术四个层面,还为组织提供了系统化的指导和实践框架。下面将探讨当前档案管理与信息安全领域的技术标准现状,包括国际标准如 ISO/IEC 27001 与 ISO/IEC 15489,国家标准如中国的国家信息安全等级保护标准,行业规范如金融和医疗行业的特定标准,以及技术标准如加密算法和访问控制标准,以全面了解这些标准在确保信息安全和档案管理中的作用和应用。

(一)国际标准

ISO/IEC 27001 是信息安全管理系统的国际标准,提供了一套系统化的管理

框架，旨在保护信息资产的机密性、完整性和可用性。通过实施 ISO/IEC 27001，组织能够识别和评估信息安全风险，制定相应的控制措施，并定期进行审查和改进。例如某全球金融机构根据 ISO/IEC 27001 标准建立了信息安全管理体系，有效降低了数据泄露的风险，并确保了其客户数据的安全性。ISO/IEC 15489 是关于档案管理的国际标准，它提出了档案管理的原则和要求，确保档案的创建、维护和存取符合既定标准。这一标准指导组织如何管理档案生命周期，从创建、分类到存储和销毁。例如一家跨国企业应用 ISO/IEC 15489 标准优化了其档案管理流程，提高了信息检索效率，并减少了档案丢失的可能性。

（二）国家标准

国家信息安全等级保护标准是中国制定的关于信息安全的国家标准，涵盖了信息系统的安全保护分级体系。该标准定义了五个等级的保护要求，从最基本的保护措施到最高级的安全防护，适用于各种类型的信息系统。以医疗行业为例，医院依据这一标准对其电子健康记录系统进行分级保护，确保了患者隐私数据的安全和系统的可靠性。

（三）行业规范

在金融行业，支付卡行业数据安全标准是一项关键的行业规范，旨在保护持卡人数据的安全。它规定了涉及支付卡信息的所有商户和服务提供商必须遵守的一系列安全要求，包括数据加密和访问控制。例如，全球零售商在支付系统中实施支付卡行业数据安全标准标准，成功降低了信用卡信息被盗用的风险。在医疗行业，健康保险流通与问责法案是一项重要的行业规范，保护患者健康信息的隐私和安全。它要求医疗服务提供者和保险公司实施严格的保护措施，如加密和访问控制，以保障患者数据的机密性和完整性。例如一家医疗机构通过遵守健康保险流通与问责法案标准，提升了对患者敏感信息的保护水平，增强了公众对其服务的信任。

（四）技术标准

加密算法是信息安全的重要技术标准，广泛用于保护数据在传输和存储过程中的安全。高级加密标准是其中一种常用的对称加密算法，以其强大的加密能力被广泛应用于各种安全系统。例如电子商务平台使用高级加密标准加密保护用户支付信息，防止数据在传输过程中被窃取。访问控制标准规定了如何管理和限制对信息资源的访问权限。常见的访问控制方法包括基于角色的访问控制和基于属性的访问控制。例如一家企业采用基于角色的访问控制标准实施权限管理，确保只有经过授权的员工可以访问特定的敏感数据，从而有效降低了内部数据泄露的风险。

档案管理与信息安全的技术标准涵盖了广泛的领域，为企业和组织提供了重要的规范和指南。国际标准如 ISO/IEC 27001 和 ISO/IEC 15489 为信息安全管理和档案管理提供了系统的框架，确保了全球范围内的一致性和最佳实践。国家标准，如中国的国家信息安全等级保护标准，针对本国特定的安全需求，提供了分级保护体系。行业规范，特别是在金融和医疗领域，针对行业特点制定了严格的安全要求，确保了特定数据的保护。技术标准如加密算法和访问控制标准则提供了具体的技术实施方案，保障了数据的安全性和访问控制。这些标准和规范共同构建了信息安全和档案管理的坚实基础，有效支持了企业和组织在复杂环境中的安全与合规要求。

三、技术标准与规范的完善与发展

技术标准和规范在推动科技进步和保障系统稳定性中扮演了至关重要的角色，随着技术的迅猛发展和应用环境的不断变化，现有的标准面临着更新和完善的挑战。从标准的定期修订，到新兴技术如人工智能和区块链的纳入，再到跨行业的协调和标准的推广，每一个环节都对技术标准的有效性和普及性产生深远影响。下面将深入探讨技术标准与规范在这些方面的发展动态及其对行业和技术发展的影响，以便为相关领域提供有效的指导和借鉴。

（一）标准更新

技术标准的定期修订和更新对于保持其有效性和适应性至关重要。随着科技的不断进步和应用环境的变化，现有的技术标准可能会变得过时，无法有效应对新兴的挑战。因此，标准制定机构需要定期对技术标准进行审查和更新，以确保其与时俱进。例如 ISO/IEC 27001 信息安全管理标准在原有版本基础上经历了多次修订，最新的修订版（如 2013 年版）纳入了更多针对现代网络威胁的安全措施。通过这种方式，标准能够覆盖到新的技术环境和安全挑战，为企业提供最新的安全保护方案。修订过程还通常包括广泛的行业反馈，确保标准能有效满足各方需求。

（二）新兴技术的纳入

随着人工智能和区块链等新兴技术的快速发展，相关的技术标准也需要及时制定和完善。[1] 人工智能的普及带来了数据隐私和伦理等新问题，因此，制定专门的人工智能技术标准变得尤为重要。类似地，区块链技术作为分布式账本的一种形式，也需要相应的标准来规范其应用和管理。例如国际区块链标准化组织已经开始制定区块链及其相关技术的标准，以解决区块链技术在实际应用中的问题，如数据一致性、隐私保护和交易透明度。新兴技术的标准制定不仅促进了技术的规范化应用，也有助于推动技术的健康发展。

（三）跨行业协调

在技术标准的制定和实施过程中，跨行业协调是提升标准有效性和互操作性的关键因素。不同领域的技术标准往往存在交集，缺乏协调可能导致标准之间的不兼容，影响系统的整体性能和安全性。例如金融行业的支付系统标准和信息安全标准在实际应用中需要兼容，以确保交易过程中的数据安全和操作一致性。为了促进这种协调，国际标准化组织和行业协会通常会设立跨行业工作组，研究和解决不同领域标准之间的兼容性问题。例如金融服务行业和信息技术行业之间的标准化协调，已经通过建立统一的标准接口和协议，确保了不同金融系统和服务的互操作性，这不仅提升了行业效率，还降低了操作风险。

---

[1] 白云飞，赵静. 互联网+背景下档案信息安全管理思考 [J]. 区域治理，2021（23）：2.

(四)标准推广与普及

推动标准的实施和应用是确保技术标准能够发挥实际效用的关键,标准的推广不仅需要相关机构的支持,还需要广泛的行业培训和宣传。通过组织研讨会、发布应用指南以及开展行业认证等方式,可以有效提升标准的知名度和应用率。例如ISO组织经常通过举办国际研讨会和发布标准指南,帮助企业理解和实施最新的标准。政府和行业协会也可以通过政策支持和激励措施,鼓励企业采用相关标准。以ISO 9001质量管理体系标准为例,该标准在全球范围内的广泛应用,不仅提升了企业的管理水平,也促进了国际贸易和合作。通过这些推广和普及措施,标准的实施效果可以得到显著提升,进而推动整体技术水平和行业发展的进步。

技术标准的完善与发展是确保科技进步和行业规范化的重要保障,标准的定期更新能够适应新的技术环境和挑战,如ISO/IEC 27001的修订提供了现代化的安全措施。新兴技术的标准化,例如人工智能和区块链的标准制定,不仅促进了技术的规范化应用,还推动了技术的健康发展。跨行业的协调工作通过解决标准之间的兼容性问题,提升了系统的互操作性和整体效率。而标准的推广与普及则通过培训和政策支持,增强了标准的实际应用效果。这些措施共同促进了技术标准的不断完善和行业的持续进步,为未来科技的发展奠定了坚实的基础。

四、技术标准与规范在档案管理中的实践

技术标准与规范在档案管理中扮演着至关重要的角色,确保档案的规范化管理和信息安全。实施技术标准如ISO 15489-1《信息与文献——档案管理——第1部分:概念与原则》,不仅为档案管理提供了系统的框架,还为数据的分类、存储、检索和销毁等流程设定了最佳实践。通过标准实施、合规检查以及员工培训,档案管理系统能够有效提高管理效率和信息安全水平。

(一)标准实施

技术标准在档案管理系统中的实施至关重要,它确保了档案的规范化管理和

信息安全。档案管理系统通常需要遵循相关的国际和行业标准，如ISO 15489-1《信息与文献——档案管理——第1部分：概念与原则》，该标准为档案管理提供了系统的框架和最佳实践。标准实施的具体步骤包括：在系统设计阶段，按照标准要求定义档案的分类、存储、检索和销毁流程；确保档案管理系统的技术规格和功能符合标准，例如数据的完整性、保密性和可追溯性。举例来说，某大型企业在实施ISO 15489-1标准后，通过优化档案分类和存储流程，实现了档案信息的高效管理和检索，减少了信息丢失和误用的风险。标准实施还要求定期进行系统性能评估和改进，以确保其持续符合最新的技术要求和业务需求。通过这样的实施实践，档案管理系统能够有效提升档案的管理效率和信息安全水平。

（二）合规检查

合规检查是确保档案管理系统遵循技术标准的重要手段，定期审计与合规性评估可以帮助发现和解决系统中的潜在问题，从而保障档案管理的规范性和合规性。合规检查的过程包括：制订详细的审计计划，明确审计的范围、目标和方法；组织专门的审计团队对档案管理系统进行全面检查，包括数据处理流程、存储安全、访问控制和记录保存等方面。举例而言，某金融机构每年进行一次合规性审计，以确保其档案管理系统符合ISO 27001信息安全管理标准。审计过程中发现的问题会被记录并分类，随后制订改进计划，确保所有问题得到及时解决。审计结果和改进措施通常会形成报告，并提交给管理层进行进一步审查。通过这种定期审计和评估，档案管理系统能够保持高水平的合规性，并不断优化和提升其性能。

（三）培训与教育

员工对技术标准的认识和培训是确保标准有效实施的关键因素，培训和教育能够提升员工对技术标准的理解，确保其在实际操作中遵循标准要求，从而提高档案管理的整体质量。培训的内容通常包括技术标准的基本概念、实施方法和实际操作技能。培训形式可以多样化，如课堂培训、在线课程和模拟演练等。以ISO 15489-1标准为例，某企业在引入该标准后，为所有档案管理人员提供了系统的培训，涵盖标准的具体要求和实际应用技巧。培训过程中还结合实际案例进行分析，帮助员工理解如何在工作中应用标准。定期的培训和知识更新不仅可以提升员工的专业素养，还能增强其对档案管理系统的操作能力和合规意识。培训的效果还可以通过考核和反馈机制进行评估，从而不断改进培训内容和方式。通过有效的培训和教育，企业能够确保技术标准在档案管理中的有效实施，进而提升档案管理的整体水平。

技术标准的实施是档案管理的基石，它确保了管理流程的规范化和系统的高效运行。通过遵循国际标准、进行定期合规检查和提供系统培训，组织能够优化档案管理系统的性能和安全性。标准化实施带来的优势包括减少信息丢失和误用的风险，同时提升员工对技术标准的理解和应用能力。最终，通过这样的实践，档案管理系统不仅符合最新的技术要求，也能够持续适应业务需求的变化。

第四节　档案管理与信息安全的技术培训与支持

一、技术培训的内容与目标

在当今信息化和数字化的环境下，技术培训在确保信息安全和档案管理的有效性中扮演了至关重要的角色。本培训课程旨在为参与者提供全面的基础知识和操作技能，以应对日益复杂的信息安全挑战。通过深入了解信息安全基础、系统操作技能、安全策略及应急响应流程，学员将获得有效管理和保护信息资产的关键能力，为组织的信息安全奠定坚实的基础。

（一）基础知识：信息安全基础与档案管理概念

技术培训中的基础知识模块着重于信息安全和档案管理的基本概念，信息安全基础包括对数据保护、网络安全、用户认证及授权的理解。培训内容应涵盖信息安全的三大核心原则：保密性、完整性和可用性。例如讲解如何防止数据泄露，确保档案内容不被未经授权的人员访问，并保持数据的准确性。档案管理概念则包括档案的定义、分类、存储方法以及生命周期管理。培训可能会使用案例分析,例如介绍某大型企业如何通过建立标准化的档案分类系统,优化信息检索和存储,提升工作效率。掌握这些基础知识是确保信息安全和档案管理有效性的前提,有助于建立系统的安全防护机制并推动合规实践的实施。

(二)操作技能:系统使用与维护技能

操作技能培训主要集中于档案管理系统的使用和维护,这包括系统的基本操作,如数据录入、检索、编辑及删除,以及系统维护的技术操作,如系统升级、数据备份和恢复。例如培训课程可以演示如何利用档案管理系统的查询功能快速检索特定档案,如何设置权限管理以保护敏感数据。还应包括系统故障排查技巧,例如如何解决系统崩溃或数据丢失问题。培训通过实际操作练习和模拟演练,帮助员工熟练掌握系统的各种功能,提高其在日常工作中的操作效率和系统维护能力。这不仅保证了系统的稳定运行,还确保了档案数据的完整性和可用性。

(三)安全策略:安全规范与合规要求

安全策略培训聚焦于信息安全规范和合规要求,帮助员工理解并遵守相关法规和标准。这包括对国家和行业安全标准的学习,例如《信息安全管理系统》ISO 27001,以及内部安全政策的掌握。培训内容应涵盖如何实施数据加密、访问控制、定期审计和监控机制等。例如某医疗机构的员工培训涉及如何遵循《健康保险携带与问责法案》中的数据保护要求,确保病人信息的安全。培训通过实际案例和政策解读,帮助员工理解如何在日常工作中执行这些规范,并通过合规性检查来验证实施效果。这能有效防止信息泄露和数据丢失,维护组织的信息安全。

(四)应急响应:处理安全事件与数据恢复技能

应急响应培训旨在提升员工处理安全事件和数据恢复的能力,培训内容包括识别和响应常见的安全威胁,如病毒攻击、数据泄露和系统入侵,及应急处置的标准流程。例如培训可能模拟一次数据泄露事件，指导员工如何迅速封锁漏洞、通知相关部门并记录事件细节。培训还包括数据恢复技能，教导员工如何使用备份系统恢复丢失或损坏的数据。通过实际操作演练，例如模拟数据恢复过程，员工能够更好地掌握应急处理步骤和工具使用方法。这种培训不仅提高了对突发安全事件的应对能力，还确保在面对数据丢失或系统崩溃时能够迅速恢复正常业务运营。

通过本技术培训课程，参与者将掌握信息安全与档案管理的核心概念，并熟悉档案管理系统的操作与维护技能。课程还将介绍安全策略和合规要求，提升学员的应急响应能力。最终目标是确保信息安全的全面防护，通过实际操作和案例分析，帮助学员在面对实际问题时能够迅速而有效地处理，提高系统的稳定性和数据的完整性。

二、技术培训的方法与途径

在当今技术迅猛发展的环境中，信息安全与档案管理成为各行业必须面对的重要课题。有效的技术培训不仅能够帮助学员掌握必要的技能，还能提高他们应对实际挑战的能力。为了实现这一目标，技术培训通常采用多种方法与途径，包括课堂培训、在线学习、模拟演练和现场支持等。这些方法各有优劣，通过合理结合使用，可以全面提升学员的理论知识和实践能力。

（一）课堂培训

课堂培训是一种传统且有效的技术培训方法，通常包括讲座、研讨会和实操课程。讲座由行业专家或培训师主讲，系统讲解信息安全和档案管理的理论基础与实践经验。例如讲师可以讲解数据保护的原则和策略，同时结合案例分析，帮助学员理解如何应用这些原则。研讨会则注重互动讨论，参与者可以分享各自的经验和问题，从中获得解决方案和最佳实践。实操课程则提供动手操作的机会，如使用档案管理系统进行实际操作练习，帮助学员熟练掌握系统的各项功能。通过这些形式的培训，学员能够在理论学习和实际操作中找到平衡，全面提升其信息安全管理和档案操作能力。

（二）在线学习

在线学习利用网络课程和自学材料提供灵活的学习途径，网络课程可以包含视频讲解、互动测验和讨论论坛，让学员能够按自己的节奏进行学习。例如某在线平台可能提供一门关于数据加密的课程，学员可以通过视频教程了解加密技术的原理和应用，同时通过在线测验检验学习效果。自学材料如电子书、教程和操作手册，为学员提供了丰富的学习资源，支持他们在工作之余进行自我提升。例如学员可以下载档案管理系统的用户手册，深入研究系统的高级功能。在线学习的优势在于其灵活性和可访问性，使得学员可以在任何时间和地点进行学习，从而更好地融入工作和生活。

（三）模拟演练

模拟演练是培训中的关键环节，通过安全事件模拟和应急演练提升学员的实际操作能力。在安全事件模拟中，培训者会创建虚拟的安全事件场景，如数据泄露或系统入侵，学员需在模拟环境中快速响应和处理。例如模拟一次网络攻击事件，学员需要通过指定的步骤进行事件分析、漏洞修补和报告撰写。应急演练则侧重于训练学员在紧急情况下的反应能力，例如进行数据恢复操作。通过模拟演练，学员能够熟悉应对流程和工具使用，提高实际操作中的应急处理能力，确保在面对真实的安全事件时能够迅速而有效地应对。

（四）现场支持

现场支持通过专家现场指导和操作辅导，为学员提供直接的帮助和建议。在现场指导中，专家会亲自到培训现场，与学员面对面交流，解答他们在操作过程中的疑问。例如专家可以协助配置档案管理系统的安全设置，并提供针对特定问题的解决方案。操作辅导则包括在实际操作中对学员进行个别指导，如何进行系统备份或数据恢复操作。通过现场支持，学员能够获得即时的反馈和帮助，从而更好地掌握技能和解决实际问题。这种直接的支持不仅提高了培训的针对性和实效性，也增强了学员对复杂操作的理解和应用能力。

技术培训在信息安全与档案管理领域中起着至关重要的作用，通过课堂培训，学员可以系统地学习理论知识，并通过研讨会和实操课程获得实际操作经验。在线学习则提供了灵活且可持续的学习途径，使学员能够根据个人节奏进行自我提升。模拟演练进一步强化了学员在面对实际安全事件时的应急反应能力，确保他们在真实环境中能快速有效地处理问题。现场支持通过专家的直接指导和操作辅导，为学员提供了个性化的帮助，增强了他们对复杂操作的理解和应用能力。综合运用这些培训方法，可以全面提升学员的技能水平和应对能力，从而更好地适应不断变化的技术环境。

三、技术支持的体系与机制

在现代企业的运营中，技术支持体系发挥着至关重要的作用，它不仅保证了技术系统的稳定运行，还确保了用户能够及时获得专业的帮助。有效的技术支持体系包括多个核心环节，其中技术支持中心、故障报告机制、知识库和持续更新构成了其主要组成部分。技术支持中心作为核心环节，负责提供专业的技术咨询与解决方案；故障报告机制则确保技术问题能够被系统化处理和跟踪；知识库提供了一个便捷的自助服务平台，帮助用户快速找到解决方案；而持续更新则确保技术支持体系能够与技术发展的步伐同步，提供高效的服务。理解这些关键环节及其作用，有助于企业优化技术支持流程，提高服务质量和效率。

（一）技术支持中心

技术支持中心是技术支持体系中的核心环节，负责为用户提供专业的技术咨询与问题解决服务。技术支持中心通常由一组技术专家组成，他们具备深厚的技术背景和丰富的经验，能够迅速理解并解决各种技术问题。例如当企业使用的档案管理系统出现了数据导入错误，用户可以通过电话、邮件或在线聊天与技术支持中心联系。技术支持中心的工作人员会首先进行问题诊断，然后提供详细的解决方案或指导用户进行自我排查。为了提高服务效率，技术支持中心通常会使用工单系统记录每一个问题的详细信息，包括问题描述、处理进度和最终解决方案。这种系统化的服务模式确保了用户的问题能够得到及时和有效的处理，同时也为技术支持团队积累了宝贵的数据，以便未来遇到类似问题时能够更快地找到解决办法。

（二）故障报告机制

故障报告机制是确保技术问题能够被系统化处理的关键工具，用户在遇到技术故障时，需要通过设立的故障报告渠道提交故障信息，这些信息通常包括问题的详细描述、出现时间、影响范围以及重现步骤。[①] 例如当某软件出现崩溃现象，用户可以通过公司的故障报告系统提交相关信息。故障报告机制会自动生成一个故障单，并分配给相应的技术支持人员进行处理。系统会跟踪故障的处理进度，并允许用户实时查看问题的解决状态。如果故障需要进一步调查或涉及多个部门，机制也会支持跨部门协调，确保问题得到全面解决。故障报告机制还会收集处理过程中的数据和反馈，用于分析常见故障模式，并为未来的改进提供依据。

（三）知识库

知识库是技术支持体系中一个重要的自助服务工具，它汇集了常见问题及其解决方案，为用户提供了快速查找答案的途径。知识库通常包括常见问题解答、技术文档、操作指南和故障排除步骤。例如如果用户在使用某款软件时遇到配置问题，可以通过访问知识库查找相关的操作指南，了解如何正确配置软件。知识库的内容通常由技术支持团队根据用户常见的问题和需求不断更新和完善。它不仅能够帮助用户快速找到解决方案，还能减少对技术支持中心的依赖，从而提高整体服务效率。为了确保知识库的有效性，它需要定期进行内容审核和更新，以确保提供的信息始终准确且适用。

（四）持续更新

持续更新是技术支持体系保持高效运行的基础，包括支持文档和系统的定期更新。支持文档，如用户手册和操作指南，需要随着技术的发展和系统的变化而

[①] 张之莲. "大数据"时代档案信息安全管理新思考 [J]. 管理学家, 2020 (11): 2.

不断修订。例如当软件系统发布新版本时，相应的用户手册和操作指南也需要更新，以涵盖新功能和改进。系统的定期更新包括软件补丁、功能升级和安全增强，这些更新可以修复已知的漏洞、提升性能和添加新功能。更新过程通常由技术团队负责，确保所有的修改经过严格测试和验证，以避免引入新的问题。持续更新的过程也包括对技术支持团队的培训，确保他们了解最新的系统变化和文档内容，从而能够为用户提供准确的信息和支持。通过这种方式，技术支持体系能够保持与技术发展的同步，提供持续优质的服务。

技术支持体系的四个核心组成部分——技术支持中心、故障报告机制、知识库和持续更新——共同保障了技术问题的高效解决和用户需求的满足。技术支持中心通过专业的技术团队为用户提供及时的帮助，故障报告机制通过系统化的处理和跟踪确保问题得到有效解决，知识库则通过自助服务平台减少对人工支持的依赖，提高整体服务效率。持续更新则通过不断修订支持文档和系统更新，确保技术支持体系能够适应技术变化和用户需求的变化。这些机制的有效运作不仅提升了技术支持的质量和效率，也增强了用户的满意度和信任感。通过不断优化和完善这些支持体系，企业能够在日益复杂的技术环境中保持竞争力，并为用户提供优质的服务体验。

四、技术培训与支持的效果提升

在技术培训领域，提高培训效率和学员满意度是企业成功的关键。通过系统化的评估与反馈、持续改进、跟踪进展和强化互动等策略，企业能够优化培训内容和方法，确保培训的实际效果。有效的评估机制和持续改进措施不仅帮助识别培训中的不足，还能根据学员的实际应用情况做出调整，从而提升培训质量。通过强化互动和实用性，培训将更具吸引力和实效性，从而增强学员的技能应用能力和整体技术支持水平。

（一）评估与反馈

培训效果评估与用户反馈收集是提升技术培训效果的关键环节，在每次培训结束后，通过系统化的评估和反馈收集机制，可以深入了解培训的实际效果和学员的满意度。评估通常包括培训内容的相关性、讲师的表现、培训材料的实用性以及学员的掌握程度。为了获得全面的反馈，可以使用问卷调查、在线评估工具或面对面的反馈会议。例如在一次软件使用培训后，组织可以向参与者发送问卷，询问他们对培训内容的理解程度、实际应用的困难以及对培训形式的建议。还可以通过追踪学员的实际操作情况，了解培训内容是否被有效应用。通过这些反馈信息，企业可以识别培训中存在的问题，并针对性地进行改进，从而提高未来培训的质量和效果。

（二）持续改进

根据反馈调整培训内容与支持措施是确保培训效果不断提升的重要步骤，收集到的反馈信息能够揭示培训中存在的不足之处，例如某些内容可能过于复杂或讲解不够清晰。企业应根据这些反馈对培训内容进行相应的调整。例如如果反馈表明学员对特定功能的理解存在困难，培训内容可以进行精简和重新组织，增加更多实际操作示例或演练。支持措施如培训后提供的帮助文档和在线支持也应进行调整，以确保能够有效解决学员在实际操作中遇到的问题。通过持续改进培训内容和支持措施，不仅可以提高学员的学习效果，还能增强他们的实际应用能力，从而提升整体技术支持的水平和服务质量。

（三）跟踪进展

跟踪进展是评估技术培训长效性的关键步骤，旨在监测培训后学员技能的实际应用情况。这一过程涉及对学员在培训后实际工作的观察和记录，以确定他们如何将所学知识应用于日常工作中。例如可以设定一些关键绩效指标，如工作效率的提升、问题解决能力的增强等，通过定期检查和评估来监测技能应用的效果。企业还可以安排定期的回访或跟进会议，与学员讨论他们在实际应用中遇到的挑战和问题，及时提供进一步的指导和支持。通过这种方式，企业不仅能了解培训的实际效果，还能发现并解决学员在技能应用过程中遇到的具体问题，进一步优化培训内容和方法，从而增强培训的实际价值。

(四) 强化互动

增加培训的互动性与实用性是提升培训效果的重要策略，传统的讲座式培训往往较为单向，学员参与度不高。为了提高培训的互动性，可以引入更多的参与式教学方法，例如小组讨论、角色扮演、现场演练等。这些方法能够鼓励学员积极参与，增强他们对培训内容的理解和记忆。例如在进行系统操作培训时，可以设置模拟环境，让学员在实际操作中练习，解决实际问题。还可以通过案例分析和互动问答环节，帮助学员将理论知识与实际工作结合起来。为了增加培训的实用性，可以邀请行业专家分享实际经验，并根据学员的具体需求调整培训内容。这种互动式的培训方式不仅能够提高学员的参与度，还能增强他们的实际操作能力，从而使培训成果更具实用价值。

通过系统的评估与反馈、持续的改进措施、跟踪学员进展以及强化培训互动，企业能够显著提升技术培训的效果。评估和反馈机制帮助了解培训实际效果并进行针对性改进，而跟踪进展和强化互动策略则确保培训内容在实际应用中的有效性。通过这些综合措施，企业不仅可以提升培训质量，还能增强学员的实际操作能力和技术支持水平，从而实现培训的最终目标。

第四章 档案管理与信息安全的管理策略

第一节 档案管理与信息安全的组织架构

一、组织架构的设计与优化

在现代企业和机构中，档案管理与信息安全是保障组织稳定运作和持续发展的关键领域。为了确保档案管理的高效性和信息安全的可靠性，组织需要设计合理的层级结构，明确职能分工，建立有效的沟通机制，并合理配置资源。这些措施不仅有助于提高组织内部的工作效率，还能有效地防范和应对信息安全威胁及档案管理中的各种挑战。下面将详细探讨在档案管理与信息安全领域中如何通过设计和优化层级结构、职能分工、沟通机制和资源配置，来提升组织的整体运作效能和安全保障能力。

（一）层级结构

在档案管理与信息安全领域，层级结构的设计是确保组织高效运作的基础。通常，组织架构应包括最高管理层、中层管理层和操作层。最高管理层如信息安全委员会或档案管理委员会负责制定整体策略和政策，确保符合国家法规和行业标准。中层管理层如档案主管部门和信息安全部门则具体实施这些策略，负责日常管理和监督工作，确保操作流程的合规性与安全性。操作层由具体的档案管理员、信息安全工程师等组成，负责实际的档案录入、维护及信息系统的操作和监控。通过这样的层级结构，各级管理层能够清晰地定义职责范围和工作流程，有效地分配任务，避免职责重叠和管理盲区。例如在一家大型企业中，信息安全委员会可能包括首席信息官和法律合规官，负责制定战略和审核安全策略，而信息安全部门则由网络安全专家和数据保护专员组成，负责具体实施和监控安全措施。

（二）职能分工

明确职责与工作范围是提升档案管理与信息安全效率的关键，职能分工应根据各部门的专长和任务需求进行优化，以确保每个部门都能专注于其核心职能。例如档案管理部门主要负责档案的分类、保存和检索；信息安全部门则专注于网络安全、数据加密和防范数据泄露。对于档案管理部门来说，其职责包括制定档案分类标准、实施档案保存方案以及确保档案的物理和电子安全。信息安全部门则需要负责设定安全策略、监控系统入侵以及应对数据泄露事件。通过明确这些职责，可以避免职能交叉和资源浪费，同时提高工作效率和服务质量。例如在某企业中，档案管理部门可能还需要定期审核档案的存储条件，并确保合规合要求，而信息安全部门则定期进行系统安全审计和漏洞扫描，以发现并解决潜在的安全隐患。

（三）沟通机制

建立高效的信息传递与反馈渠道是确保档案管理与信息安全工作顺利进行的重要保障，一个有效的沟通机制能够促进信息流畅传递和及时反馈，避免信息孤岛和决策延迟。可以通过建立定期的跨部门会议来实现各级管理层和操作层之间的沟通，确保各方对档案管理与信息安全的政策和措施有共同理解。建立多渠道的反馈机制，如内部邮件系统、专用的反馈平台和热线电话，可以让员工及时报告问题或提出建议。举例来说，某公司可能设立一个内部论坛，允许员工就信息安全事件进行讨论并分享经验，同时通过定期的安全会议汇报最新的安全威胁和防御措施。通过这种方式，组织能够快速响应问题，及时调整策略，确保档案管理与信息安全的高效运作。

（四）资源配置

合理配置人力资源与技术支持是确保档案管理与信息安全工作高效运转的基

础，人力资源的配置需要根据各部门的工作量和任务复杂程度进行优化。比如档案管理部门需要具备足够的档案管理员，负责档案的整理、存取和更新，而信息安全部门则需要配置技术支持人员，如网络安全专家和数据分析师，负责系统的监控、维护和安全防护。技术支持方面，组织应投入足够的资金购买先进的档案管理系统和信息安全软件，确保技术设施能够满足实际需求。比如某公司可能投资购买云存储系统以保障档案的安全备份，同时配置入侵检测系统和防火墙来防止网络攻击。通过合理的人力和技术资源配置，可以有效提高档案管理的效率和信息安全的保障水平，确保组织能够应对各种挑战和威胁。

有效的组织架构设计对于档案管理与信息安全的优化至关重要，通过建立清晰的层级结构，组织能够确保最高管理层、中层管理层和操作层之间的职责和任务分配明确，从而提高整体运作的效率和透明度。明确的职能分工使得各部门能够专注于其核心职能，减少了职能交叉和资源浪费，提升了工作效率和服务质量。建立健全的沟通机制和反馈渠道，能够促进信息的流畅传递和及时响应，避免了信息孤岛和决策延迟。合理配置人力资源和技术支持，确保了档案管理和信息安全工作的高效运转，满足了实际需求并增强了组织应对挑战的能力。优化组织架构和资源配置，是提升档案管理与信息安全水平的关键因素，也是确保组织长期稳定发展的重要保障。

二、组织架构在档案管理中的作用

在现代组织中，档案管理是确保信息有效利用、保护和流通的重要组成部分。组织架构在档案管理中扮演着关键角色，通过明确管理流程、责任分配、决策支持和协调合作，为档案管理提供了坚实的基础。一个科学的组织架构不仅能够优化档案管理的各个环节，还能提升整个组织的运营效率。下面将探讨组织架构在档案管理中的具体作用，揭示其在优化流程、明确责任、支持决策和促进协作方面的核心价值。

（一）档案管理流程

组织架构在档案管理中起着至关重要的作用，首先体现在明确和优化档案管理流程上。良好的组织架构可以帮助企业或机构建立科学的档案管理流程，确保档案从创建、分类、存储到查阅、利用等各个环节都有明确的操作规范和责任划分。例如一家大型企业可能设立档案管理部门，专门负责制定和实施档案管理政策，包括档案的归档标准、数据备份方案及档案查阅流程。该部门会与各业务部门密切合作，确保各类文件和记录按照标准进行归档，并定期审核和更新档案系统，以应对不断变化的业务需求和法规要求。这种组织架构的设置不仅提高了档案管理的效率和准确性，还减少了因为流程不规范而导致的档案丢失或误用的风险。

（二）责任分配

责任分配在档案管理中至关重要，通过明确各层级、各部门及个人在档案管理中的职责和权利，可以确保档案管理的有序进行。例如在一个政府机构中，档案管理的责任可能会被分配给档案管理部门，该部门负责所有档案的保存、整理和查询。业务部门则需要按照规定的格式和时间要求提交相关文件，确保信息的完整性和准确性。通过这样的责任分配，既能明确各方的职责，又能确保档案管理工作的顺利开展。档案管理部门可以定期对各部门进行培训和监督，确保各方按照既定的规章制度执行，以实现对档案资源的有效管理。

（三）决策支持

在组织架构中，档案管理不仅仅是日常的事务处理，还可以为高层决策提供重要的支持。一个完善的档案管理系统能够系统地汇总和分析历史数据，为决策者提供全面的信息参考。例如某企业在制定年度预算时，可以通过检索和分析过去几年的财务档案，了解业务趋势和市场变化。这种基于档案数据的决策支持，可以提高决策的科学性和准确性，帮助企业制定更为合理的发展战略。档案管理部门还可以提供数据挖掘和分析服务，帮助高层领导了解组织的运营状况和业务问题，从而做出更具针对性的决策。

（四）协调合作

组织架构中的档案管理系统能够促进部门间的协调与合作，各部门在日常工作中会产生大量的文件和记录，良好的档案管理系统可以确保这些信息在部门之间流通顺畅，并且能够进行有效的共享。[①] 例如在一个跨部门的项目中，各相关部门需要共享项目进展报告、会议记录等文件。如果没有一个统一的档案管理系统，各部门可能会遇到信息不一致、查找困难等问题。通过建立一个集中管理的档案系统，各部门可以在需要时快速访问到所需的文件，促进信息的传递和协作。档案管理部门可以组织跨部门的会议和协调活动，确保档案的使用和管理符合整体业务目标和需求，进一步推动组织的合作效率。

组织架构在档案管理中的作用不可忽视，首先通过优化档案管理流程，组织架构帮助制定科学的操作规范，确保档案从创建到利用的每个环节都得到有效管理。明确的责任分配能够保证档案管理的有序进行，减少因职责不清导致的风险。通过系统化的档案管理，组织架构为高层决策提供了宝贵的支持，使决策更加科学和准确。良好的档案管理系统促进了部门间的协调与合作，提升了信息流通的效率。总的来说，科学的组织架构不仅增强了档案管理的效率和准确性，还为组织的长期发展提供了坚实的数据支持和合作基础。

三、组织架构对信息安全的影响

在当今数字化时代，信息安全已成为组织运作中不可或缺的一部分。组织架构在信息安全管理中起着至关重要的作用，它不仅决定了安全政策的实施效果，还影响到风险管理、合规监督和应急响应的效率。通过合理设计组织架构，企业可以确保信息安全策略的全面落实、及时识别和应对潜在风险、符合相关法规的要求，以及高效处理安全事件。这些方面的有效管理共同构成了信息安全保护的坚实基础。下面将探讨组织架构如何在信息安全中发挥关键作用，并分析其在安全政策实施、风险管理、合规监督和应急响应等方面的具体影响。

（一）安全政策实施

组织架构在信息安全管理中发挥着关键作用，特别是在安全政策的实施方

[①] 董云会. 档案信息安全保障措施探析 [J]. 中文科技期刊数据库（全文版）社会科学，2023 (3): 4.

面。一个良好的组织架构能够确保安全策略从高层决策到具体执行层面得到有效贯彻。例如一家金融机构可能设立信息安全委员会，由高级管理人员、IT专家和合规人员组成，负责制定和更新信息安全政策。这些政策可能包括数据加密、访问控制和网络安全防护等方面。组织架构确保这些政策通过各级部门的落实和监督来执行。信息安全部门会将这些政策转化为具体的操作流程，并进行定期培训，确保全体员工了解并遵守安全规定。组织架构还通过设立反馈机制，定期检查和评估政策执行情况，以便及时调整和优化安全策略，从而增强整体的信息安全保障。

（二）风险管理

在信息安全管理中，组织架构的设计对于识别和管理信息安全风险至关重要。通过明确职责和建立专门的风险管理团队，组织能够系统化地识别潜在的安全风险，并制定相应的应对措施。例如在一家大型科技公司中，组织架构可能包括一个风险管理部门，该部门负责定期进行风险评估，包括漏洞扫描和安全审计。他们会与IT部门紧密合作，识别系统中的潜在安全威胁，如网络攻击、数据泄露或系统故障，并评估这些风险的可能性和影响。基于风险评估结果，制定相应的风险管理策略，如加强防火墙配置、实施多重身份验证等措施，以减轻或消除这些风险。这种组织架构确保了信息安全风险能够被及时发现并得到有效处理，从而保护组织的敏感信息和资产。

（三）合规监督

合规监督是信息安全管理中的另一个重要方面，组织架构能够有效支持合规工作的开展。一个专门的部门或人员负责监督和确保组织的操作符合国家和行业相关的法律法规与标准。例如医疗行业中的医疗信息保护需要符合《健康保险可携带性与责任法案》的要求。组织架构中设立的部门会定期审查内部操作是否符合这些法规，并进行必要的审计和检查。该部门还会负责制订合规培训计划，确保员工了解并遵守相关法规。在合规性审查过程中，如果发现任何不符合的情况，该部门会提出改进建议，并监督其实施情况。通过这种结构，组织能够有效避免法律风险,并保持与行业标准的一致性,从而维护信息安全和组织声誉。

(四)应急响应

应急响应是信息安全管理中不可或缺的一部分,组织架构在其中扮演了组织和协调的角色。一个明确的应急响应机制能够帮助组织迅速而有效地处理各种安全事件。例如在一家电子商务公司中,组织架构可能包括一个专门的应急响应团队,负责应对数据泄露、网络攻击等突发事件。应急响应团队由信息安全专家、IT技术支持人员以及法律顾问组成,他们会制订详细的应急响应计划,包括事件检测、响应步骤、通信策略和后续处理程序。当安全事件发生时,团队会立即启动响应程序,评估事件的影响范围,采取必要的措施进行隔离和修复,同时与相关方进行沟通,提供透明的信息。事后,团队还会进行事件总结和分析,找出根本原因,并完善应急响应方案。这样的组织架构不仅能提高应对安全事件的效率,还能减少事件对组织运营的影响。

组织架构对信息安全的影响深远且多方面,首先通过明确的组织结构和职责分配,安全政策能够得到有效实施,确保从高层决策到实际操作的每一个环节都符合既定的安全标准。组织架构为信息安全风险管理提供了系统化的支持,通过专门的风险管理团队和流程,组织可以及时识别和处理潜在的安全威胁,减少信息泄露和损失的风险。合规监督部门在组织架构中扮演着确保符合法律法规的角色,通过定期审查和培训,组织能够维持法律合规,避免法律风险。应急响应机制的建立和优化确保了在安全事件发生时,组织能够迅速有效地做出反应,减少事件对业务的冲击。整体来看,科学的组织架构不仅增强了信息安全管理的能力,还提升了组织应对复杂信息安全挑战的综合水平。

四、组织架构的完善与发展方向

在现代企业的管理实践中,组织架构的完善与发展是确保企业持续增长和竞争力的关键因素。随着业务环境的不断变化,组织必须具备灵活性和适应性,以应对市场需求和技术进步带来的挑战。组织架构的调整不仅涉及内部结构的优化,还包括对成员培训、技术集成和动态评估等方面的全面提升。通过适应性调整,组织能够及时应对业务发展的需求;通过强化培训,提升员工的信息安全意识和能力;通过技术集成,提升整体的工作效率和安全性;通过动态评估,确保架构的持续有效性。这些措施的综合实施,将有助于企业在复杂的商业环境中保持竞争优势和持续发展。

（一）适应性调整

组织架构需要随业务发展而不断调整,以保持其适应性和灵活性。企业在不同阶段面临的挑战和需求各异,这要求组织架构能够迅速反应并做出相应的调整。例如某家电子商务公司在初创阶段,组织结构较为扁平,员工角色多元化。然而随着业务的扩展和规模的扩大,该公司需要建立专门的部门,如数据分析部、客户服务部和风险管理部。这些部门的设立不仅有助于分工明确,还能提升整体运营效率。组织架构的调整还包括引入新的管理层级和优化沟通流程,以确保各部门之间的协作更加高效。例如设立区域性管理团队,以便更好地应对不同市场的需求。这种动态调整能力使得组织能够应对不断变化的市场环境和业务挑战,确保长期的可持续发展。

（二）强化培训

为了有效保障信息安全,组织需要对成员进行持续的培训,以提升其信息安全意识与能力。强化培训不仅包括基础的安全知识,还应涵盖最新的安全威胁和防护措施。例如一家大型企业可以定期举办信息安全培训课程,内容涉及如何识别钓鱼邮件、实施强密码策略以及应对社交工程攻击等。针对不同岗位的员工,培训内容应有所侧重,比如 IT 部门员工需要深入了解网络安全技术,而普通员工则应了解基本的安全操作规范。企业还可以通过模拟攻击演练、在线课程和安全意识测试等方式来增强培训的效果。培训不仅是一次性的活动,还应建立长期的教育计划,通过定期更新内容和评估学习成果,确保员工始终掌握最新的安全知识和技能。

（三）技术集成

随着科技的进步，新兴技术不断涌现，它们可以显著提升组织的效率和安全性。技术集成能够帮助组织优化流程、提升工作效率，并增强信息安全。例如某家金融机构引入了人工智能和机器学习技术，用于实时检测和分析异常交易活动，这种技术能够自动识别潜在的欺诈行为，并发出警报。云计算技术的应用可以提高数据存储和处理的灵活性，同时减少IT基础设施的维护成本。通过整合这些新兴技术，组织能够更好地应对不断变化的市场需求和安全挑战。技术集成还包括对现有系统的升级与优化，确保技术环境与业务需求相匹配，从而提升整体的业务效率和信息安全水平。

（四）动态评估

动态评估是确保组织架构始终适应业务需求的重要手段，组织需要定期对其架构进行评估，以检测其有效性并进行必要的优化。评估内容包括组织结构的层级设置、职能分配、沟通流程以及资源配置等。例如一家制造企业可能在经历了市场扩展后发现其原有的组织架构难以支持新的生产线和市场需求。通过定期评估，企业可以识别出组织结构中的瓶颈和不匹配之处，进而调整部门设置、优化资源分配或重新定义岗位职责。评估还应结合业务战略目标和市场变化，进行全面分析和调整。通过这种方式，组织能够持续改进架构，提高运营效率，并确保能够应对未来的挑战和机遇。这种动态优化机制帮助组织保持灵活性和适应性，从而增强其竞争力和市场响应能力。

组织架构的完善与发展是企业适应市场变化和技术进步的核心策略，适应性调整确保组织架构能够根据业务发展进行灵活变动，从而保持高效的运营和管理。强化培训通过提升员工的信息安全意识和技能，增强组织的整体安全防护能力，防范潜在的安全风险。技术集成通过融入新兴技术，优化工作流程，提高效率，并增强信息安全。动态评估机制通过定期审查和优化组织架构，确保其持续适应业务需求和市场变化。通过这些综合措施，企业不仅能够有效应对当前的挑战，还能够为未来的发展奠定坚实的基础，从而实现长期的可持续增长。

第二节　档案管理与信息安全的制度建设

一、制度建设的重要性与原则

在现代组织的管理中，制度建设对档案管理与信息安全至关重要。制度的有效性不仅关乎其合规性、安全性、操作规范和工作效率，还直接影响到组织的整体运营和风险管理。确保合规性涉及遵循法律法规与行业标准；增强安全性旨在保护信息的机密性、完整性和可用性；规范操作提供明确的流程和行为准则；提升效率则通过优化工作流程来提高整体工作效能。建立健全的制度是确保档案管理与信息安全的基础，有助于实现组织的可持续发展和稳定运行。

（一）确保合规性

制度建设的首要任务是确保组织的档案管理与信息安全符合相关法律法规及行业标准，这不仅是为了避免法律风险，还能维护组织的合法权益。以数据保护为例，许多国家和地区有严格的法律法规要求企业保护用户数据，如欧洲的《通用数据保护条例》和中国的《数据安全法》。这些法规规定了数据收集、存储和处理的具体要求，组织需要建立相应的制度来保证合规。例如一家国际公司应制定全球统一的数据保护政策，并结合各国的法律要求，确保所有分支机构在处理客户数据时遵循一致的标准和流程。通过定期审查和更新合规政策，企业能够及时应对法规的变化，避免法律纠纷，并提升社会信誉。

（二）增强安全性

增强安全性是制度建设的核心任务之一，旨在保护档案与信息的机密性、完整性和可用性。[1] 信息安全的基本原则包括防止未经授权的访问、确保数据的完

---

[1] 董婉婷. 网络视角下数字化档案管理安全性分析 [J]. 黑龙江档案, 2022 (4)：268-270.

整性不被篡改，以及确保信息在需要时能够被有效地访问。以医疗行业为例，医院的电子健康记录系统必须采取严格的安全措施，如数据加密、访问控制和定期备份，以保护患者隐私和数据安全。医院应建立详细的信息安全政策，实施多层次的安全防护机制，如双因素认证和网络入侵检测系统，以防止数据泄露和系统被攻击。通过这些措施，医院能够有效防范潜在的安全威胁，确保信息的安全性和可靠性。

（三）规范操作

规范操作是确保档案管理与信息安全制度有效实施的关键，明确的操作流程和行为规范能够帮助员工在日常工作中遵循标准化的步骤，减少操作失误和安全隐患。例如某金融机构可以制定详细的档案管理流程，包括文档的分类、存储、传输和销毁等环节。行为规范应涵盖员工在处理敏感信息时的具体要求，如不得将机密信息存储在未经授权的设备上、不得随意分享内部信息等。这些规范可以通过培训和手册的形式提供给员工，并通过定期检查和审计确保其执行到位。规范的操作流程不仅能够提高工作效率，还能降低因操作不当导致的风险。

（四）提升效率

提升效率是制度建设的重要目标，通过优化档案管理与信息安全的工作流程，可以大幅度提高组织的运作效率。高效的档案管理系统不仅能够减少文件的存储空间，还能加快信息的检索和处理速度。例如一家大型企业通过引入电子档案管理系统，将纸质文件转化为电子档案，并建立了一个集中的数字化存储库。该系统支持自动分类、快速搜索和权限控制，使得档案管理变得更加高效和安全。通过自动化的数据备份和恢复流程，组织能够在遇到系统故障时迅速恢复信息，减少业务中断时间。优化工作流程不仅提高了档案管理的效率，还增强了信息安全的保障，使组织能够更好地应对日常运营中的挑战。

制度建设在档案管理与信息安全中发挥着关键作用，首先确保合规性，通过遵循法律法规和行业标准，为组织提供法律保障，降低合规风险。增强安全性是保护信息资产的核心，确保信息的机密性、完整性和可用性。规范操作通过明确的流程和行为规范减少操作失误，提升安全性和工作质量。提升效率通过优化工作流程，提高档案管理的便捷性和信息安全的保障水平。通过综合实施这些原则，组织能够在复杂的运营环境中保持高效、安全和合规，为未来的发展奠定坚实的基础。

二、档案管理与信息安全的相关制度

在信息时代，档案管理与信息安全成为组织运行的核心要素。有效的档案管理制度不仅提高了信息处理效率，也为信息安全提供了保障。下面将深入探讨档案分类、存储、检索与销毁的规范，以及数据保护、网络安全、访问控制、应对信息安全事件与灾难恢复、合规检查与内部审计的相关制度。通过对这些制度的详细分析和实施策略的探讨，旨在帮助组织提升档案管理水平，确保信息安全，维护业务连续性。

（一）档案分类、存储、检索与销毁规范

档案管理的规范化是确保信息安全和高效利用的基础，档案分类是指对档案按照内容、重要性和使用频率进行系统分类，以便于有效管理和快速检索。例如某金融机构可将档案分为客户账户信息、交易记录、合规文件等类别，并为每一类别制定详细的管理规范。在存储方面，档案应根据其类别和重要性选择合适的存储介质，如重要档案存储在高安全级别的档案库或加密存储设备上，普通档案则可以存储在标准的电子文件系统中。检索规范包括建立高效的索引系统和检索流程，确保档案能够快速、准确地找到。例如企业可通过数据库系统建立索引，并设计检索界面，使员工能迅速访问所需信息。销毁规范则涉及对不再需要的档案进行安全销毁，防止信息泄露。此过程通常包括物理销毁和数字删除（如彻底删除电子文件并清除存储介质）。通过这些规范，组织能够有效管理档案，提高工作效率，并保障信息的安全性。

（二）数据保护、网络安全与访问控制

数据保护、网络安全与访问控制是确保信息安全的关键环节，数据保护涉及

对敏感数据进行加密，防止未经授权的访问和数据泄露。例如一家医疗机构应对患者的个人健康信息进行加密存储和传输，确保只有授权的医疗人员可以访问这些信息。网络安全则包括实施防火墙、入侵检测系统和反病毒软件，以防止网络攻击和恶意软件侵害。企业可通过定期更新软件和系统，修补漏洞，保持网络的安全性。访问控制是确保只有经过授权的人员可以访问特定数据或系统，通常采用身份验证和权限管理系统来实现。例如企业可以实施基于角色的访问控制，根据员工的职位和职责设置不同的访问权限，确保员工仅能访问与其工作相关的信息。通过这些措施，组织能够有效保护数据安全，防范网络威胁，并确保信息的合法访问。

（三）应对信息安全事件与灾难恢复

应对信息安全事件与灾难恢复是确保组织在遭遇信息安全威胁或系统故障时能够迅速恢复正常运作的关键。信息安全事件应对包括建立详细的应急响应计划和团队，明确各类安全事件（如数据泄露、网络攻击等）的处理流程。例如企业应制订事件响应手册，涵盖从事件发现、报告、分析到解决和后续审查的全过程，并定期组织演练，确保应急团队能够迅速有效地应对实际事件。灾难恢复则涉及在系统或数据丢失的情况下，快速恢复正常业务操作。企业应建立备份和恢复系统，定期备份关键数据和系统配置，并在不同的地理位置存储备份数据，以防止单点故障。例如某公司可以将数据备份存储在云端，并定期进行恢复测试，确保在发生灾难时能够迅速恢复数据。通过这些措施，组织能够在面临安全事件或灾难时减少业务中断时间，维护业务连续性。

（四）合规检查与内部审计流程

合规检查与内部审计是确保档案管理和信息安全制度得到有效执行的重要手段。合规检查旨在验证组织的操作是否符合相关法律法规和内部政策，通常还包括定期的检查和评估。通过设立专门的合规检查团队或委托第三方审计机构，组织可以发现并纠正可能存在的合规问题。例如某金融机构可以每季度进行一次合规检查，审查是否遵循了金融监管机构的要求，并针对发现的问题制订改进计划。内部审计则关注于内部控制和业务流程的有效性，确保制度的执行与实际操作的一致性。审计流程包括计划审计、执行审计、报告审计结果和跟踪整改情况等环节。组织可以通过定期审计，评估内部控制的有效性，发现潜在风险，并提出改进建议。例如企业可以设立内部审计部门，每年对信息系统的安全性和档案管理的合规性进行全面审计，确保各项制度的有效实施。通过合规检查和内部审计，组织能够提升制度的执行力，确保档案管理与信息安全的长期稳定。

系统化的档案管理和严密的信息安全措施对组织至关重要，档案分类、存储、检索与销毁规范有助于高效管理信息，并保护其安全性。数据保护、网络安全与访问控制则防范了外部和内部的安全威胁。应对信息安全事件和灾难恢复确保了在危机时刻的业务持续性。通过合规检查和内部审计，组织能够验证制度的执行情况，发现潜在问题并进行改进。实施这些制度可以显著提升组织的管理效率和信息安全水平，确保在各种挑战面前的稳健运作。

三、制度的执行与监督机制

制度的有效执行和持续优化是确保组织运作顺利和目标达成的关键，一个完善的制度不仅需要精确的执行方案，还需要严格的监督机制和灵活的反馈系统来保障其实际效果。为了确保制度的实施能够达到预期目标，各项措施需要从多个层面进行详细规划和实施。这包括制定明确的执行步骤和目标，设立专门的监督机构，定期进行执行检查，以及建立健全的反馈机制。这些步骤相辅相成，共同促进制度的顺利实施与不断改进，从而使组织能够适应变化的环境，提升整体效率和效果。

（一）执行方案

制订有效的执行方案是制度成功实施的关键，首先明确实施目标和预期效果，确保所有相关人员了解制度的目的和意义。确定详细的操作步骤，包括分阶段的实施计划、具体任务分配和时间节点。例如若执行新的员工考核制度，第一阶段可以包括制定考核标准和流程，第二阶段是员工培训，第三阶段是实际考核的开始。还需安排专门的执行团队，确保各环节顺利推进。计划中应包括具体的资源配置，如人员、财务和技术支持，确保各项资源到位。设定明确的评估标准和修正机制，定期检查实施效果，并根据实际情况调整计划，保证制度能够适应实际需求和变化。

（二）监督机构

为了确保制度得到有效执行，必须设立专门的监督与管理部门。这个部门的主要职责包括监控制度的实施过程、评估执行效果、处理执行中的问题，并提出改进建议。例如在企业内部设立"制度执行监督部"，该部门负责定期审核各部门对新制度的执行情况，收集员工反馈，确保制度的公正性和有效性。监督机构应拥有独立性和权威性，能够独立于日常操作之外进行监督，并具备必要的资源和权力，确保其工作不受干扰。监督人员需具备专业知识和经验，以便对复杂问题做出准确判断。

（三）定期检查

定期检查是确保制度持续有效的重要手段，周期性检查包括制订详细的检查计划，明确检查的频次和内容。例如设定每季度进行一次制度执行检查，检查内容包括制度执行的完整性、合规性和效果。检查过程应涵盖对各部门实施情况的审查、数据分析以及员工反馈的收集。通过对制度执行情况的评估，可以发现潜在问题并及时进行调整。检查结果应形成详细报告，提出改进建议，并将结果反馈给相关部门和人员，确保问题能够得到有效解决，制度能够持续优化和完善。

（四）反馈机制

反馈机制是制度不断改进的基础，建立有效的反馈机制可以及时了解制度实施过程中遇到的问题和改进建议。[①] 例如设置专门的反馈渠道，如意见箱、在线反馈系统或定期座谈会，鼓励员工和相关人员提出意见。收集到的反馈信息应进行系统分析，识别常见问题和改进需求。针对反馈中反映的问题，及时调整制度

---

① Hongyu L，Chenxi L．Management and Optimization Methods of Music Audio-Visual Archives Resources Based on Big Data［J］．International Journal of Ambient Computing and Intelligence（IJACI），2023，14（1）．

实施细节或流程，并将改进措施告知所有相关人员。通过不断的反馈和调整，制度能够不断适应实际需求，提高执行效果，达到更好的实施效果。

制度的成功实施离不开系统化的执行方案、有效的监督机制、定期的检查以及及时的反馈机制，首先通过明确的目标设定和详细的实施步骤，可以确保制度的各项任务和资源得到合理配置，并按计划推进。监督机构的设立保障了制度实施的透明度和公正性，确保任何问题都能被及时发现和处理。定期的检查有助于持续监控制度的执行效果，发现并解决潜在的问题，从而实现制度的优化和完善。反馈机制的建立使得制度能够根据实际操作中的问题和建议进行调整，保持制度的灵活性和适应性。通过这些综合措施，制度的实施不仅能够达到预期效果，还能不断改进，确保组织的长期发展和目标实现。

四、制度的完善与创新路径

制度的完善与创新是组织发展和管理优化的关键环节，随着内外部环境的不断变化，现有制度可能会面临适用性和有效性的挑战。因此，定期评审、技术更新、组织协作和用户培训是确保制度能够不断适应新环境、提升管理效果的核心路径。定期评审通过系统化的审查和反馈机制，能够发现并修正制度中的不足，确保其持续有效；技术更新则引入现代技术手段，提高制度的实施效果和管理效率；组织协作促进跨部门的沟通与配合，确保制度的全面贯彻和一致性；用户培训则通过提升员工对新制度的理解和执行能力，确保制度的顺利实施。下面将详细探讨这四条路径，阐述它们在制度完善与创新中的重要作用及实施策略。

（一）定期评审

定期评审是制度完善的重要环节，通过系统地审查现有制度的适用性和有效性，可以及时发现并修正制度中的不足。例如每年进行一次全面评审，涉及的内容包括制度的执行情况、实际效果以及是否仍符合当前的业务需求和市场环境。在评审过程中，收集各部门的反馈，分析制度实施中的问题和挑战。比如如果某项考核制度在实际操作中存在执行难度或效果不佳，评审报告可以提出具体的改进建议，如调整考核标准或流程。通过这种方式，制度能够不断优化，适应不断变化的内部和外部环境，从而保持其长期有效性。

（二）技术更新

技术更新是提升制度效果的重要途径，现代技术能够提供更多的数据支持和更高效的管理方法。例如利用大数据分析可以帮助更准确地评估制度的实施效果和员工绩效，人工智能技术可以优化流程自动化，减少人为错误。在更新技术时，首先要进行需求分析，确定哪些技术能够解决现有制度中的痛点。比如将传统的考核记录系统升级为基于云计算的实时反馈系统，可以提高数据的准确性和处理速度。技术更新也要结合实际操作环境和员工的使用习惯，确保新技术能够顺利融入现有的工作流程，提高整体制度的执行效率。

（三）组织协作

跨部门合作与沟通是确保制度一致性的关键。制度往往涉及多个部门的协调与配合，良好的组织协作能够避免制度实施中的矛盾和冲突。例如在推出新的绩效管理制度时，HR部门需要与各业务部门密切沟通，了解其具体需求和反馈，确保制度设计能够涵盖各部门的实际情况。通过定期的协调会议和沟通渠道，如跨部门工作组和联合讨论会，可以及时解决实施过程中遇到的问题，并确保各部门对制度的理解和执行保持一致。建立有效的信息共享机制和反馈系统，有助于各部门在实施过程中保持同步，提高制度的一致性和有效性。

（四）用户培训

用户培训是确保制度顺利实施的重要环节，培训的目标是提高员工对新制度的理解和执行能力，从而保证制度能够被有效应用。例如在引入新的工作流程制度时，组织专门的培训班，通过面对面的培训、在线学习模块以及实操演练，帮助员工掌握新制度的核心内容和操作方法。培训过程中，还应设置互动环节，鼓励员工提出问题并进行解答，以便解决实际操作中的困惑。培训结束后，提供相关的操作手册和在线支持，确保员工在实际工作中能够方便地查阅和应用制度。通过系统的培训和持续的支持，可以有效提高员工的执行能力和对制度的接受度，从而增强制度的实施效果。

在制度完善与创新过程中，定期评审、技术更新、组织协作和用户培训四个方面是确保制度有效性的核心策略。定期评审通过全面的审查和反馈机制，不断优化制度以适应变化的环境；技术更新引入先进技术，提升制度的实施效率和管理效果；组织协作促进跨部门的沟通与协调，保证制度的一致性和顺利执行；用户培训则确保员工对新制度的充分理解和正确应用。通过这四条路径的有机结合和有效实施，组织能够实现制度的持续优化和创新，增强整体管理水平和业务绩效。

第三节　档案管理与信息安全的流程管理

一、流程管理的定义与特点

流程管理在现代组织中扮演着至关重要的角色，它不仅涵盖了对业务流程的设计、实施、监控和优化，还致力于通过标准化和系统化的方式提升工作效率和资源利用率。通过有效的流程管理，组织能够确保业务活动的规范性、一致性和效率，从而在复杂的操作环境中保持高效运作。下面将深入探讨流程管理的定义与特点，涵盖其基本概念、关键要素以及带来的主要优势，以期为组织提供一个全面的流程管理视角和实施指导。

（一）定义：流程管理的基本概念与目的

流程管理指的是对组织内部各项业务流程的设计、实施、监控和优化的系统化管理过程，其基本概念包括明确流程的步骤、责任、资源配置和结果评估。通过流程管理，组织能够标准化操作流程、提高工作效率，并确保各项活动按照预定目标顺利进行。其主要目的在于提升工作效率、确保业务的一致性和规范性，以及实现资源的最优配置。例如在档案管理中，流程管理可以涉及从档案的接收、分类、存储到检索的每一个环节，通过明确各环节的操作步骤和责任人，减少操作失误，提高档案处理的准确性和效率。通过系统化的流程管理，组织能够更好地控制业务流程，确保各项工作按部就班地进行，从而提升整体业务水平和管理效能。

（二）特点：流程的标准化、系统化与可控性

流程管理具有标准化、系统化和可控性三个显著特点，标准化意味着制定明确的操作规范和标准，确保每个环节都按照一致的标准执行，这有助于减少人为差错和操作不一致性。例如制定统一的档案整理标准，使得不同员工在处理档案时能够遵循相同的流程和规范。系统化则是指将流程拆解成多个系统化的步骤，每个步骤都有明确的职责和操作要求，这样可以确保每个环节的有效衔接和信息传递。可控性则是指通过流程的监控和管理，能够实时掌握每个环节的进展情况，并及时调整和优化流程，以应对突发问题或变化需求。综合这三个特点，流程管理能够帮助组织建立科学、高效、稳定的操作系统，从而提升整体工作质量和效率。

（三）关键要素：流程的输入、处理与输出

在流程管理中，输入、处理和输出是关键要素。输入是指流程开始时所需的资源、信息或材料。例如在档案管理过程中，输入包括档案的原始数据、文件材料和必要的识别信息。处理则是指对输入进行加工和处理的过程，包括分类、编目、存储等步骤。在档案管理中，这一步骤包括将收到的档案按类别整理、录入系统并存储到相应的位置。输出是指流程完成后产生的结果或产品，包括处理后的档案信息、报告或数据。这些输出结果能够支持后续的工作或决策。有效的流程管理需要确保每个环节的输入、处理和输出都符合规定的标准和要求，以保证整个流程的顺畅运行和最终目标的实现。

（四）优势：提高效率、减少错误与提升透明度

有效的流程管理具有提高效率、减少错误和提升透明度的显著优势，通过标准化的流程和明确的操作步骤，组织可以显著提高工作效率，减少因流程不清晰

而导致的时间浪费和资源浪费。例如在信息管理流程中，通过制定标准化的操作流程，可以减少重复劳动和等待时间，从而加快数据处理的速度。减少错误是流程管理的另一个关键优势，通过系统化的操作和监控机制，可以降低人为错误的发生率，确保数据和信息的准确性。在档案管理中，规范化的流程能够减少文件丢失或误操作的风险。提升透明度是指通过可追溯的流程记录，管理者能够清晰地了解每个环节的操作情况和结果，便于审计和改进。透明的流程有助于提高组织的整体管理水平，确保各项工作按照预定目标高效执行。

流程管理通过明确操作步骤、责任分配和资源配置，帮助组织实现标准化、系统化和可控性的业务操作。这种管理方式不仅提高了工作效率，还显著减少了操作错误，并增强了业务流程的透明度。关键要素如输入、处理和输出的有效管理，确保了流程的顺畅运行和目标的实现。最终，流程管理的实施不仅优化了资源利用，还提升了组织的整体管理水平，支持了业务活动的高效进行。

二、档案管理与信息安全的流程设计

在当今信息化时代，档案管理与信息安全成为组织运作中的核心要素。为确保档案的有效管理和信息的安全保护，设计一个高效的流程至关重要。这一过程包括需求分析、流程建模、流程文档编制和技术支持四个关键步骤。需求分析帮助组织了解并明确档案和数据保护的具体要求，流程建模将需求转化为具体操作步骤，流程文档则为实施提供详细指南，而技术支持通过信息系统提升流程效率和安全性。这些步骤共同构成了档案管理与信息安全的完整流程，旨在确保档案数据的安全性和管理的高效性。

（一）需求分析

需求分析是档案管理与信息安全流程设计的第一步，旨在识别和明确各项需求，以确保流程设计的有效性。[①] 在档案管理方面，需求分析需要考虑档案的种类、数量、存储要求、检索频率和保密等级等因素。例如法律文件和财务报告需

---

① Kriesberg A. Examining Social Media Policy and Records Management in Massachusetts Municipal Governments [J]. Proceedings of the Association for Information Science and Technology, 2023, 60 (1).

要长期保存并具备高度保密性，而普通内部文件则可以采取较低的存储标准。信息安全需求分析则需评估数据保护的范围，包括数据加密、访问权限控制、备份和恢复机制等。通过深入了解这些需求，组织能够制定出符合实际情况的档案管理流程和信息安全措施，确保档案数据的安全性和可靠性。例如在银行系统中，需求分析可能会揭示需要对客户的金融记录进行严格的访问控制和加密，以防止数据泄露和未授权访问。

（二）流程建模

流程建模是将需求转化为具体的操作步骤和职责分配，通过绘制流程图和定义各环节职责来明确流程的运作方式。流程图是一种可视化工具，用于展示各个步骤之间的关系和操作顺序。在档案管理中，流程图可能包括档案的接收、分类、存储、检索和销毁等步骤，每个步骤都有明确的责任人和操作要求。例如接收档案的环节可能由接待员负责，分类工作由档案管理员进行，存储和检索则由档案库的工作人员负责。流程建模还需要定义每个环节的具体职责和任务，例如信息安全环节需要明确谁负责权限审核、数据加密和备份操作。这种详细的流程建模可以帮助确保档案管理和信息安全工作按照预定标准进行，从而提高工作效率和准确性。

（三）流程文档

流程文档的编制是确保流程顺利实施的关键步骤，它包括详细的操作规范和流程说明。这些文档应详细描述每个步骤的具体操作要求、所需资源和责任人，以及操作中的注意事项。操作规范应涵盖所有可能的场景和处理方法，例如如何处理档案的分类、如何执行数据备份和恢复、如何处理文件的销毁等。流程说明则应提供清晰的流程图、步骤说明和检查表，帮助员工理解和执行流程。例如在档案管理的操作规范中，可能会详细说明档案的标签规则、存储方式、访问权限和检索程序。这些文档不仅为员工提供了明确的操作指南，还便于对流程的培训和审计，确保档案管理和信息安全措施的有效实施。

（四）技术支持

技术支持是提升档案管理和信息安全流程效率的关键，通过信息系统的应用，可以实现流程的自动化和优化。信息系统能够提供档案管理系统和信息安全管理系统，支持档案的电子化存储、自动化分类、权限管理和数据加密等功能。例如通过档案管理系统，组织可以实现档案的自动归档、智能检索和在线共享，减少人工操作的错误和工作量。信息安全管理系统可以实施自动化的权限审核、入侵检测和数据备份，确保数据安全和系统稳定。利用信息系统，组织能够实时监控和调整流程，提升工作效率和安全性。通过持续优化技术支持，组织可以不断适应新的业务需求和安全挑战，保持档案管理和信息安全的高效运作。

有效的档案管理与信息安全流程设计要求全面的需求分析、精确的流程建模、详尽的流程文档编制以及强大的技术支持，需求分析确保了档案和数据保护需求的明确，流程建模将这些需求转化为操作步骤和责任分配，流程文档为实施提供了操作指南，而技术支持则通过信息系统优化和自动化流程。综合这些措施，组织可以实现档案管理和信息安全的高效运作，提升工作效率，确保数据安全，从而适应不断变化的业务需求和安全挑战。

三、流程管理在档案管理中的应用

档案管理是任何组织中不可或缺的一部分，有效的档案管理不仅确保了信息的安全和完整，还提升了工作效率。流程管理在档案管理中的应用尤为关键，它涵盖了档案的分类与存储、数据访问控制、档案检索与调取以及档案销毁等多个方面。通过制定明确的流程和标准，组织能够系统地管理档案，保护敏感数据，并优化信息的使用和存取。下面将详细探讨这些流程在档案管理中的具体应用，强调它们对实现高效和安全档案管理的重要性。

（一）档案分类与存储

在档案管理中，档案分类与存储是确保信息高效管理的基础。需要制定一个明确的分类标准，将档案根据其内容、用途和保密等级等因素进行分类。例如档案可以分为法律文件、财务记录、行政文件和技术文档等类别。每个类别根据其特点定义相应的存储标准,如法律文件需要长期保存并采用防火防潮的存储方式,而普通行政文件则可以选择标准的档案柜或电子存储。分类流程应包括档案的接收、标记、分类和存储,确保每个档案都能按照预定的标准进行处理和管理。举例来说,在医院档案管理中,病历文件被分类为"长期保存"类,而日常行政记录则为"短期保存"类,从而采取不同的存储条件和管理措施,确保档案的完整性和易取用性。

(二)数据访问控制

数据访问控制是保障档案安全的重要环节,首先需要根据档案的保密等级和使用需求设立不同的访问权限。例如高保密级别的文件仅限于特定的管理人员访问,而普通文件可以由相关部门的员工查阅。访问控制流程应包括权限申请、审核、分配和定期审查,确保只有授权人员可以访问相关档案。具体实施时,可以使用信息系统来管理权限设置和访问记录。例如在企业中,财务数据可能仅限于财务部门和高层管理者访问,通过系统记录每次访问的时间和人员,防止未经授权的访问和数据泄露。通过严格的访问控制,可以有效防止敏感数据的泄露和滥用。

(三)档案检索与调取

优化档案的检索与调取流程是提高工作效率的关键,首先需要建立一个高效的检索系统,支持按关键字、分类、日期等多种方式检索档案。检索流程应包括档案的标识、查询、调取和归还等步骤。例如可以采用条形码或 RFID 技术对档案进行标识,使得在检索时能够快速定位到具体的档案位置。调取流程中,需要明确档案的申请、审核、发放和记录等环节,确保档案能够及时、准确地提供给请求者。还要设置有效的跟踪系统,记录每次档案的调取情况。举例来说,在图书馆中,读者可以通过电子目录检索到书籍的位置,并通过借书系统自动记录借阅情况,这种方式可以大大提高档案的检索效率和管理准确性。

（四）档案销毁

档案销毁是档案管理中的重要环节，确保不再需要的档案得到妥善处理。需要制定档案销毁的标准操作流程，包括销毁的条件、审批程序和实际销毁步骤。例如过期的财务记录和废弃的个人信息文件需要按照一定的标准进行销毁，以防止信息泄露。销毁流程应包括档案的审查、销毁申请、审批和实际销毁等步骤，确保每一步都符合相关的法规和内部政策。在实际操作中，可以使用碎纸机、焚烧炉等设备对纸质档案进行物理销毁，对电子档案则可以使用数据擦除工具彻底清除数据。举例来说，在政府部门中，过期的公文和报告会被集中销毁，并由专门人员进行监督和记录，确保销毁过程的规范性和安全性。

有效的流程管理对于档案管理至关重要，档案分类与存储确保了信息的组织性和安全性；数据访问控制则保护了档案的机密性，防止未经授权的访问；档案检索与调取提升了工作效率，使得信息能够快速、准确地被找到；而档案销毁则保证了过期或无用档案的妥善处理，防止信息泄露。通过深入了解并实施这些流程，组织能够优化档案管理的各个环节，实现信息管理的目标。

四、流程管理的优化与改进策略

在现代企业管理中，流程管理的优化与改进是提升组织效率和竞争力的关键因素。有效的流程管理不仅可以提高工作效率，还能减少资源浪费，提升产品和服务的质量。为了实现这一目标，企业需要采取系统性的策略来评估现有流程、引入先进技术、建立有效的反馈机制，并推动持续改进。这些策略能够帮助企业识别和解决流程中的问题，优化资源配置，并保持业务的灵活性和适应性。下面将探讨在流程管理中实施优化与改进的具体策略，包括流程评估、技术升级、反馈机制和持续改进，旨在为企业提供可行的解决方案，以实现流程的持续优化和业务目标的达成。

（一）流程评估

定期评估现有流程的效果与效率是优化流程管理的第一步，通过系统性地检查和分析当前流程,可以识别出潜在的问题和瓶颈,了解流程的实际表现与预期目标的差距。评估过程包括数据收集、指标分析、流程图绘制以及关键环节的审查。例如一个生产企业可以每季度进行流程评估,通过分析生产线的生产速度、质量控制和资源消耗等数据,找出效率低下的环节,并提出改进措施。评估应基于准确的数据和实地考察,确保发现的问题真实可靠。通过评估,组织可以制订出科学合理的改进计划,提升整体工作效率,避免资源浪费,实现流程的持续优化。

(二) 技术升级

引入新技术是提升流程自动化与智能化的关键手段,现代科技的迅猛发展为流程管理提供了丰富的技术选择,从自动化工具到人工智能应用,各种新技术可以显著提高流程效率和准确性。例如企业可以引入智能化的工作流管理系统,通过自动化任务分配、进度跟踪和数据分析,减少人工干预,提高工作效率。再如,在仓储管理中,使用物联网技术和机器人系统可以实现库存的实时监控和自动补货,从而优化库存管理流程。技术升级不仅能提高操作效率,还能降低人为错误,提升工作质量。因此,定期审视和引入适应业务需求的新技术,对于实现流程优化至关重要。

(三) 反馈机制

建立有效的反馈机制是流程优化的另一个重要策略,通过收集用户的反馈和改进建议,可以深入了解流程中存在的问题和改进机会。反馈机制应包括意见收集、分析、实施和跟踪等步骤。举例来说,在客户服务领域,可以通过调查问卷、客户投诉和满意度评估等方式收集客户的意见,然后对反馈进行分析,找出共性问题和改进点。根据这些反馈,制定相应的改进措施,并在实施后跟踪其效果,确保改进措施的有效性。这种双向沟通不仅能够增强用户满意度,还能帮助组织持续改进流程,提高服务质量和效率。

(四) 持续改进

应用精益管理理念进行流程优化可以帮助组织实现持续改进。精益管理关注于消除流程中的浪费，提高效率，确保资源的最大化利用。需识别和消除不增值的环节，如过多的审批、重复的工作和不必要的流程步骤。通过引入精益工具，如价值流图、5S管理和持续改进，可以系统地优化工作流程。举例来说，在生产制造中，应用精益管理可以减少生产线的闲置时间，优化物料流动，降低生产成本。通过不断评估和调整流程，确保每个环节都能高效运作，从而实现业务流程的长期优化和提升。精益管理理念的核心是不断寻求改进机会，推动流程的持续优化。

优化和改进流程管理是实现组织高效运作的关键所在，通过定期评估现有流程，企业能够识别出潜在的瓶颈和问题，从而制订科学合理的改进计划。技术升级引入新技术可以大幅提高流程的自动化和智能化水平，从而提升工作效率和准确性。建立有效的反馈机制则能帮助企业及时了解流程中的问题和改进机会，通过用户反馈的分析和实施改进措施，增强用户满意度并提高服务质量。应用精益管理理念进行持续改进，能够消除不增值的环节，优化资源配置，实现业务流程的长期提升。综合运用这些策略将有助于企业在不断变化的市场环境中保持竞争优势，推动组织的持续发展和成功。

第四节　档案管理与信息安全的风险管理

一、风险管理的理念与框架

在现代组织管理中，风险管理作为确保组织稳定和持续发展的核心组成部分，扮演着至关重要的角色。风险管理不仅涉及识别和评估潜在风险，还包括制定应对措施和持续监控，以降低这些风险对组织目标的潜在影响。下面将探讨风险管理的基本理念与框架，强调"预防为主、持续改进"的理念，并详细介绍风险识别、评估、应对和监控的关键环节，旨在帮助组织构建有效的风险管理体系，提升其抗风险能力。

（一）风险管理的定义

风险管理是指识别、评估和优先处理风险，以减少或消除其对组织目标的不利影响的过程。其基本概念包括风险识别、风险评估、风险应对和风险监控。目标在于保护组织资产，确保业务连续性，提升决策质量，并最终实现组织的战略目标。例如在档案管理中，风险管理可以帮助识别和控制数据丢失、泄露或损坏的风险。通过建立有效的风险管理体系，企业能够制定并实施预防和应对措施，确保档案和信息的安全性，降低运营风险，提高组织的抗风险能力，从而保障业务的稳定和持续发展。

（二）风险管理理念

风险管理理念强调"预防为主、持续改进"，即在风险出现之前采取预防措施，并通过持续改进来提升风险管理水平。[1] 预防为主的原则要求组织在风险成为现实之前，先识别潜在风险，并采取措施进行控制或消除。例如在信息安全管理中，企业应实施严格的访问控制、加密技术以及定期的数据备份来防范数据泄露和丢失。持续改进则指通过不断监测风险环境的变化，评估现有风险管理措施的有效性，并根据反馈进行调整和优化。这样，组织能够应对不断变化的内外部风险环境，提升风险管理的整体效率和效果。

（三）风险管理框架

风险管理框架包括识别、评估、应对和监控四个关键环节，风险识别是通过分析组织内部和外部环境，找出可能对目标产生威胁的因素。例如识别档案管理中的潜在风险，如数据丢失、非法访问等。风险评估则通过对识别出的风险进行定量或定性分析，评估其可能性和影响程度，帮助确定风险优先级。风险应对包括制定相应的措施来降低风险，例如实施防火墙、数据备份等。风险监控则是对风险管理措施的实施效果进行跟踪和评估，确保其有效性，并根据需要进行调

---

[1] Luigi P A, Mauro G, Giacomo G, et al. Lower extremity arterial disease perspective: IUA consensus document on "lead management". Part 1. [J]. International angiology : a journal of the International Union of Angiology, 2023.

整。例如定期审查信息安全策略，确保其能够应对新出现的威胁。

（四）关键要素

在风险管理中，关键要素包括风险评估标准、响应计划与资源配置。风险评估标准是用于评估风险大小和影响的依据，通常包括风险的发生概率、影响程度和可控制性。例如企业可以采用标准化的风险矩阵来评估信息安全风险。响应计划是针对识别和评估出的风险制定的应急措施和操作流程，确保在风险发生时能够迅速有效地应对。例如制订数据泄露应急响应计划，包括通知流程、修复措施和沟通策略。资源配置则涉及为风险管理提供必要的资源，包括人力、财力和技术支持。通过合理的资源配置，企业能够确保风险管理措施的有效实施和持续改进，从而提升整体风险管理能力。

风险管理的有效实施对于组织的长期成功至关重要，通过明确的风险管理框架，组织可以系统地识别、评估、应对和监控风险，确保在面对潜在威胁时采取预防措施并进行持续改进。风险管理的关键要素，如评估标准、响应计划和资源配置，提供了确保管理措施得以有效执行的基础。最终，通过有效的风险管理，组织能够更好地保护资产，保证业务连续性，并提升整体决策质量，实现战略目标。

二、档案管理与信息安全的风险识别

在档案管理与信息安全的领域，全面识别和评估风险是确保数据保护和系统稳定的基础。风险识别不仅涉及内部与外部的潜在威胁，还需要对不同类型的风险进行分类和评估。通过系统化的风险识别，组织可以建立一个高效的风险管理体系，从而有效保护档案和信息的安全。下面将探讨档案管理与信息安全中的风险来源、风险类型、风险评估方法以及如何建立和优先处理风险清单，以便为组织提供全面的风险管理策略。

（一）风险来源

在档案管理与信息安全领域，识别风险来源是确保有效风险管理的第一步。

内部风险来源包括员工操作失误、内部系统漏洞以及不当的数据处理行为。例如员工在处理档案时可能无意中删除重要文件，或因权限设置不当导致敏感信息泄露。外部风险来源则包括网络攻击、自然灾害和供应商的安全问题。例如黑客入侵企业网络窃取敏感数据，或由于自然灾害导致的系统停运，都会对档案安全造成严重威胁。通过全面识别这些内部与外部的潜在风险，组织可以建立更为健全的防护体系，从而有效降低风险对信息安全的影响。

（二）风险类型

风险类型的分类有助于系统化地识别和应对不同的风险，数据丢失是指由于操作错误、系统故障或灾难性事件而导致档案或数据的永久丢失。例如硬盘损坏可能导致存储的档案无法恢复。数据泄露涉及未授权的信息访问或泄漏，可能由内部人员泄密或外部黑客入侵引起。例如敏感信息通过电子邮件错误地发送给未授权的第三方。系统故障则包括系统崩溃或软件缺陷，导致档案管理系统无法正常运行。通过对这些风险类型进行分类，组织能够更有针对性地制定风险应对措施，提高信息安全保障水平。

（三）风险评估

风险评估是识别和处理风险的核心步骤，涉及分析每个风险发生的可能性及其潜在影响。评估可能性通常通过历史数据、行业标准和专家意见来完成。例如分析过去的网络攻击事件可以帮助预测未来类似攻击的概率。影响评估则关注风险事件对组织目标的具体影响，如财务损失、业务中断或声誉损害。例如数据泄露可能导致客户信任的丧失和法律诉讼。通过综合考虑这些因素，组织可以确定每种风险的严重性，并优先处理高影响、高可能性的风险，以便有效配置资源和制定应对策略。

（四）风险清单

建立风险清单并进行优先级排序是风险管理过程中的重要环节，风险清单包括所有识别出的风险及其相关信息，如风险类型、来源、可能性和影响程度。例如清单中可能包括"系统崩溃""数据泄露"和"操作失误"等风险。每个风险根据其严重性和发生概率进行优先级排序。优先级高的风险,如"数据泄露"可能导致严重的财务和声誉损失,应优先处理。而低优先级的风险,如"操作失误"可能只导致轻微的业务中断,可以稍后处理。通过这种排序方法,组织能够更有效地分配资源,集中力量解决最关键的风险,提升整体风险管理效果。

在档案管理与信息安全的风险识别过程中,明确风险来源、分类风险类型、进行详细的风险评估,以及建立风险清单并进行优先级排序,是确保信息安全的关键步骤。风险来源包括内部操作失误和外部网络攻击等因素,而风险类型涵盖了数据丢失、泄露、系统故障等具体问题。通过评估每种风险的可能性和影响,组织可以优先处理最严重的风险,确保资源得到有效配置。最终,通过建立全面的风险清单并进行优先级排序,组织能够系统地应对各种潜在威胁,提升信息安全水平,保障业务的稳定与持续发展。

三、风险管理的策略与措施

在现代企业管理中,风险管理已成为确保组织持续运作和战略成功的核心要素。面对多变的市场环境和复杂的运营挑战,企业必须采取有效的风险管理策略,以识别、评估和应对潜在风险。有效的风险管理不仅有助于保护企业资产和声誉,还能提高运营效率和业务韧性。下面将探讨四种主要的风险管理策略:风险规避、风险减轻、风险转移和风险接受。每种策略都有其独特的实施方法和适用场景,通过具体的实例说明如何在实际操作中运用这些策略,帮助企业建立全面的风险管理体系,提升抵御和应对风险的能力。

(一)风险规避

风险规避旨在通过改进流程和技术,预防风险的发生,从而避免潜在的安全问题。例如组织可以通过引入先进的加密技术和权限管理系统来保护敏感数据,降低数据泄露的风险。改进工作流程也是规避风险的关键措施,如定期对员工进行信息安全培训,提高他们的风险意识和操作规范。升级系统和软件,定期进行漏洞扫描和修补,可以有效减少系统故障和攻击的风险。比如某公司通过引入多因素认证和自动备份系统，大大降低了因员工密码泄露和数据丢失而导致的安全事件。

（二）风险减轻

风险减轻涉及实施各种安全控制措施，以降低风险发生后的潜在影响。例如组织可以设立入侵检测系统，实时监控网络流量，及时发现并应对异常活动，从而减少黑客攻击带来的损害。对于数据丢失的风险，可以通过定期备份和灾难恢复计划来减轻影响，确保在数据丢失后能够迅速恢复业务运作。建立详细的应急响应流程，确保在发生安全事件时可以迅速有效地进行处理。举例来说，某金融机构建立了多层次的安全防护措施，包括防火墙、数据加密和员工安全培训，显著降低了数据泄露事件的风险和影响。

（三）风险转移

风险转移是一种将风险责任部分或全部转移给第三方的策略，通常通过购买保险或签订合同实现。例如企业可以为其信息资产投保网络安全保险，以应对数据泄露和网络攻击带来的财务损失。通过合同约定与供应商或合作伙伴共享的风险责任，如要求供应商为其提供的数据安全采取相应的保护措施，并在合同中规定违约责任，从而转移因供应商安全失误而产生的风险。企业还可以通过外包特定的IT服务，将相关风险转移给外包服务提供商。某公司通过购买网络安全保险和与云服务供应商签订严格的数据保护协议，有效转移了潜在的安全风险。

（四）风险接受

风险接受是指在面对那些无法完全规避或减轻的风险时采取承受的态度，并准备好应对措施。组织在识别风险后，会评估其可能性和潜在影响，决定是否接受这些风险带来的后果。例如某企业可能因预算限制或技术条件无法完全消除系统漏洞，决定接受这一风险。在这种情况下，企业应当采取有效的应急准备和响应措施。具体措施包括制订详细的危机管理计划，确保在风险事件发生时能够迅速响应，减少损失。组织可能会建立专门的应急团队，负责处理风险事件，并进行定期演练，以提高应对能力。虽然无法完全消除这些风险，但通过系统的准备和响应策略，组织能够在风险发生时将其影响降到最低，确保业务的连续性和稳定性。这样的风险接受策略，有助于企业在面对不可预见的挑战时，保持灵活性和适应能力。

风险管理是企业运营中不可或缺的一部分，各种风险管理策略的有效应用可以显著提升企业的安全性和稳定性。风险规避通过改进技术和流程，主动预防潜在风险的发生，例如通过数据加密和系统升级来保护敏感信息。风险减轻则通过实施安全控制措施，降低风险发生后的影响，如部署入侵检测系统和灾难恢复计划。风险转移通过购买保险或合同，将部分风险责任转嫁给第三方，从而减少企业自身的风险负担。风险接受则是在无法完全规避或减轻风险时，采取承受的态度，并建立完善的应急响应机制，以便在风险事件发生时有效应对。综合运用这些策略，企业能够在面对各种挑战时保持灵活性，确保业务的连续性和稳定性，增强整体竞争力和市场应对能力。

四、风险管理的效果评估与持续改进

在现代企业运营中，风险管理已成为确保业务稳定和持续发展的核心组成部分。为了应对不断变化的环境和潜在的威胁，企业必须不断优化和改进其风险管理策略。效果评估、数据分析、反馈机制和持续改进是实现有效风险管理的四个关键环节。效果评估帮助企业定期检查现有风险管理措施的有效性，数据分析提供了量化风险管理成效的依据，反馈机制则为改进措施提供了宝贵的信息来源，而持续改进则确保了风险管理策略能够适应新的挑战和机遇。通过这四个方面的综合运作，企业能够在动态的市场环境中保持竞争力并降低风险。

（一）效果评估

效果评估是确保风险管理措施始终有效和相关的重要步骤，定期评估不仅可以检查现有措施的有效性，还能识别新的风险和不足之处，从而保证企业能够适应不断变化的环境。[①] 例如某公司在实施了一套新的网络安全防护系统后，会每季度进行效果评估。这些评估包括对系统性能的监测、对安全事件的分析以及对员工培训效果的审查。通过对防火墙、入侵检测系统和数据加密技术的效果进行评估，公司可以确定哪些措施有效阻止了潜在的攻击，哪些方面还需改进。评估结果还包括对应急响应流程的检验，确保在实际风险事件中，所有应急措施都能顺利实施。这样，通过定期的效果评估，公司不仅能够保持防护措施的有效性，还能及时调整策略，以应对新的风险挑战。

（二）数据分析

数据分析是评估风险管理效果的核心环节，通过收集和分析相关数据，企业可以了解风险事件的发生频率、损失规模以及管理措施的成效。例如某金融机构定期分析数据泄露事件的相关数据，包括发生的次数、影响范围、响应时间和修复效果。通过比较事件发生前后的数据，金融机构能够识别出风险管理措施中存在的不足之处。数据分析还包括对各种控制措施的效果进行量化评估，例如评估防火墙和入侵检测系统在防止未经授权访问方面的成功率。通过深入分析数据，企业可以发现管理措施中的趋势和模式，从而做出数据驱动的决策，优化风险管理策略，提升整体安全水平。

（三）反馈机制

反馈机制是风险管理持续改进的重要组成部分，通过收集来自各方面的反馈信息，企业可以识别风险管理措施中的改进点。反馈可以来自员工、客户、合作伙伴以及其他利益相关者。例如某公司在风险事件发生后，会通过问卷调查和面对面访谈等方式收集员工和客户的反馈。这些反馈帮助公司了解实际操作中的问题，如应急响应不及时或员工培训不足。通过分析这些反馈，企业能够识别出风险管理措施的不足之处，并根据反馈信息制订改进计划。反馈机制不仅提高了风险管理的透明度，还能增强员工和客户的信任，确保在风险管理过程中持续获取

[①] Preston C W. Data storage archive options: Batch, real-time and hierarchical storage management [J]. Network World (Online), 2023.

有价值的信息。

(四) 持续改进

持续改进是实现长期有效风险管理的关键，根据评估结果和反馈信息，企业应及时调整和优化风险管理策略。持续改进的过程包括对现有策略的检讨、调整和重新制定。例如某企业在定期评估和数据分析中发现，现有的数据备份策略未能有效防止数据丢失，导致恢复时间较长。根据这些结果，企业决定引入更高效的备份技术，并改进备份频率和存储位置。企业还通过引入新的风险管理工具和技术，如先进的入侵防御系统和自动化的风险监测平台，来增强风险应对能力。通过这种持续的改进过程，企业能够不断提升风险管理的效果，保持对新兴风险的敏感性和适应性，从而在动态环境中稳步发展。

风险管理的效果评估与持续改进是确保企业风险管理措施有效性和相关性的核心步骤，通过定期的效果评估，企业能够检测现有措施的有效性，并及时识别和应对新的风险。数据分析提供了对风险事件发生频率和损失规模的深入了解，有助于量化管理措施的效果。反馈机制则通过收集来自各方面的信息，帮助企业识别和改进风险管理中的不足之处。持续改进则是在评估和反馈的基础上，调整和优化风险管理策略，从而保持对新兴风险的敏感性。通过这些措施的实施，企业能够不断提升风险管理水平，适应变化的环境，并实现长期稳定的发展。

第五章 档案管理与信息安全的人员素质与文化建设

第一节 档案管理与信息安全的人员素质要求

一、专业素质的要求与培养

在档案管理与信息安全领域，专业素质的要求与培养是确保高效、可靠的业务操作的基础。随着信息技术的飞速发展和档案管理需求的不断变化，从业人员需要具备扎实的基础知识、娴熟的技术技能、对行业标准的深入理解以及持续学习的能力。这些要求不仅为个人职业发展奠定了坚实的基础，也为组织的档案和信息安全管理提供了强有力的保障。掌握档案管理的核心理论和实践技能、熟练应用先进的技术工具、遵循国际认可的行业标准，并持续进行专业知识更新，是提升档案管理与信息安全工作质量的关键步骤。

（一）基础知识

档案管理与信息安全的基础知识是确保从业人员能够有效执行其职责的核心，掌握基本理论包括了解档案的分类、存储、检索与保护方法，以及信息安全的基本概念，如机密性、完整性和可用性。例如档案管理人员应熟悉档案生命周期管理，从文件创建到销毁的每个阶段都需要遵循的程序和标准。而信息安全人员则需了解各种安全威胁和防护措施，如防火墙、加密技术和身份认证机制。通过系统学习这些基础知识，人员能够准确识别和处理档案和信息中的潜在问题，保证档案的完整性和信息的安全。定期组织基础知识培训和考核，如提供档案管理和信息安全的入门课程，可以确保员工不断巩固和更新他们的基础理论知识。

（二）技术技能

技术技能是档案管理与信息安全工作的核心要素，要求从业人员能够熟练操作相关工具和系统。档案管理人员需要掌握电子档案管理系统、数据备份软件以及文档数字化技术。例如使用档案管理系统能够有效地对档案进行电子化存储和检索，确保档案的高效管理和快速访问。信息安全人员则需熟练掌握网络安全工具，如入侵检测系统、数据丢失防护软件和安全信息事件管理系统。通过实践操作这些工具和系统，人员能够更有效地实施和维护信息安全策略。技术培训和技能认证，例如认证信息系统安全专家或认证信息安全经理，是提升人员技术技能的重要途径，有助于确保技术人员在工作中能够应对各种复杂的技术挑战。

（三）行业标准

了解并遵守行业标准和最佳实践是确保档案管理和信息安全工作合规性的关键，行业标准如 ISO 15489（档案管理国际标准）和 ISO/IEC 27001（信息安全管理标准）提供了系统化的规范和指南，帮助组织建立有效的档案管理和信息安全体系。例如档案管理人员需要遵循档案的保存周期、访问权限管理和数据保护要求，而信息安全人员则需遵守信息安全的风险评估、控制措施和事件响应流程。遵循这些标准不仅能确保组织的档案和信息管理符合法规要求，还能提升管理的效率和安全性。通过定期审查和更新内部管理制度，确保与行业标准的一致性，能够有效防范潜在的法律风险和业务风险。

（四）持续学习

持续学习和进修是保持专业素质与技能更新的必要措施，档案管理和信息安全领域的技术和最佳实践不断演变，从业人员需要不断跟踪最新的发展动态。参与专业培训和进修课程，如数据隐私保护、新兴网络威胁的防御技术等，可以帮助人员及时掌握最新的知识和技能。例如参加由专业机构提供的定期培训、研讨会和网络课程，可以加深对新技术和方法的理解，同时提升实际操作能力。通过不断学习，人员能够更好地应对新出现的挑战和变化，保持高水平的专业能力，并推动组织在档案管理和信息安全方面的持续改进。这种持续的学习和自我提升不仅能增强个人职业发展，也有助于提高整体团队的工作效率和业务安全性。

档案管理与信息安全领域的专业素质培养涉及多个方面，包括基础知识的系统学习、技术技能的实际操作、行业标准的遵循以及持续学习的自我提升。这些因素共同作用，确保了从业人员能够在日益复杂的工作环境中有效执行职责，保护组织的重要信息资产。通过定期的培训和考核、技术认证、标准审查以及持续的知识更新，个人和组织能够不断提升档案管理与信息安全工作的效率和安全性，适应行业发展的新要求，保障信息和档案的完整性与安全。

二、信息安全意识的培养与提升

在现代企业运营中，信息安全已成为不可忽视的重要环节。随着信息技术的快速发展和网络攻击手段的不断演变，企业面临的安全威胁日益复杂和严峻。因此，提升员工的信息安全意识是企业保障信息安全的关键步骤。为了有效应对这些挑战，企业需要通过系统化的培训、持续的宣传教育和实际的模拟演练来全面提升员工的安全意识和应对能力。这些措施不仅能够增强员工对信息安全的认知，还能帮助企业建立强大的安全防护体系，降低潜在的安全风险。下面将探讨信息安全意识的培养与提升的核心措施，包括培训课程、意识提升活动和模拟演练，阐述其在提升员工信息安全意识中的重要作用。

（一）培训课程

定期组织信息安全培训课程和讲座是提升员工信息安全意识的核心途径，这些培训课程应涵盖基本的安全知识、常见的网络威胁、防护措施以及公司内部的信息安全政策。例如每季度安排一次信息安全讲座，邀请信息安全专家讲解最新的安全威胁，如网络钓鱼攻击、恶意软件、数据泄露等，同时介绍如何识别和防范这些威胁。培训课程应包括实际案例分析和互动讨论，帮助员工理解理论知识如何应用于实际工作中。通过定期培训，员工能够不断更新安全知识，提升对信息安全威胁的警觉性和应对能力，进而降低企业面临的信息安全风险。培训后的评估测试也可以确保员工对信息安全知识的掌握情况，并识别需要进一步培训的领域。

（二）意识提升活动

安全意识的提升需要通过多样化的宣传与教育活动来实现，这些活动可以包括信息安全周、海报展示、在线安全知识竞赛和定期发布安全通讯。例如设立"信息安全月"，在这个月里，组织系列活动如安全主题讲座、海报竞赛、信息安全知识问答等，以增强员工对信息安全的认识和参与感。企业可以通过内网、邮件和公告板等渠道，定期发布安全提示和最佳实践，提醒员工注意保护个人信息、使用复杂密码、避免点击可疑链接等。通过这些宣传和教育活动，员工的安全意识可以得到持续提升，形成全员参与的信息安全文化，从而有效预防和减少信息安全事件的发生。

（三）模拟演练

进行信息安全事件的模拟演练是检验和提升员工应对信息安全事件能力的重要手段，这些演练可以模拟各种实际的安全事件场景，如数据泄露、系统入侵或恶意软件攻击。[1] 例如定期组织一次全员参与的模拟网络攻击演练，模拟真实的攻击情况，让员工在压力下实际操作，从而检验现有的应急响应流程和员工的应急处理能力。演练后应进行详细的复盘和评估，分析演练中发现的问题和不足，并制定改进措施。这不仅能提高员工在真实事件中的应对能力，还能帮助企业完善应急预案和安全策略。通过模拟演练，员工能够更好地理解其在信息安全管理中的角色和责任，提高对潜在威胁的敏感性，从而在实际情况中更有效地应对信息安全挑战。

信息安全意识的提升是保护企业信息资产和维护业务连续性的关键因素，通过定期的培训课程，员工能够了解最新的安全威胁和防护措施，从而有效预防信息安全风险。意识提升活动，如信息安全月和在线竞赛，有助于强化员工的安全意识，推动企业形成积极的信息安全文化。模拟演练则通过模拟实际的安全事

---

[1] Leonardo A，M J S，Coutinho R A，et al. Linking centennial scale anthropogenic changes and sedimentary records as lessons for urban coastal management. [J]. The Science of the total environment，2023，902.

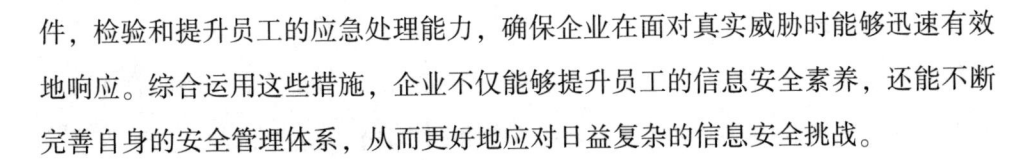

件，检验和提升员工的应急处理能力，确保企业在面对真实威胁时能够迅速有效地响应。综合运用这些措施，企业不仅能够提升员工的信息安全素养，还能不断完善自身的安全管理体系，从而更好地应对日益复杂的信息安全挑战。

三、人员素质的评估与考核

在现代企业管理中，员工素质的评估与考核不仅是推动组织发展的重要手段，也是激发员工潜力、提升工作效率的关键过程。为了确保员工能够持续成长和提升，企业需要实施系统化的评估计划，这些计划应包括定期评估、绩效考核、有效反馈机制和个人发展计划。通过对员工进行全面的评估和考核，企业可以及时了解员工的能力现状，发现其潜在的改进领域，并据此制订针对性的培训计划。绩效考核则通过设立明确的标准和多维度的评价方式，帮助企业识别优秀表现，并激励员工不断进步。有效的反馈机制促进了员工的自我反思和改进，而发展计划则将评估结果转化为实际的成长路径和目标。这些综合措施不仅有助于员工个人的成长，也支持企业实现整体目标和持续发展。

（一）定期评估

定期的素质评估与技能测试是确保员工持续成长和提升的有效手段，企业应制订系统化的评估计划，定期对员工的专业素质、工作能力和技能水平进行全面评估。例如每半年组织一次全员技能测试，涵盖工作相关的技术知识、实际操作能力及问题解决技巧。评估内容可以根据岗位的不同而有所差异，如技术岗位可包括编程能力和系统故障排查，管理岗位则可评估领导力和项目管理能力。通过这种方式，企业不仅能够及时了解员工的能力现状，还能够识别出需要进一步培训的领域。评估结果将有助于制订针对性的培训计划，推动员工技能的不断提升，并为后续的绩效考核和晋升决策提供客观依据。定期的评估还能够激励员工不断自我提升，以适应不断变化的工作需求和挑战。

（二）绩效考核

绩效考核是评价员工工作表现和达成目标情况的重要手段，企业应设立明确

145

的绩效考核标准，根据员工在工作中的实际表现来进行评估。例如可以设定每年的绩效考核周期，考核内容包括工作任务的完成情况、质量控制、团队合作和创新能力等。考核过程应包括自评、上级评价和同事评价等多个维度，以确保评价的全面性和公正性。在考核过程中，除了量化的业绩指标，如销售额、项目完成进度等，也应关注员工的软技能和综合素质，如沟通能力和问题解决能力。根据绩效考核结果，企业可以制定相应的激励措施，如奖金、晋升机会或职业发展培训等，以奖励优秀表现和激励员工进一步提高。绩效考核不仅能够帮助企业管理层了解员工的工作表现，还能推动员工个人的发展和企业整体目标的实现。

（三）反馈机制

有效的反馈机制是提升员工绩效和促进个人发展的关键，企业应建立多渠道的反馈系统，定期收集来自同事和上级的反馈信息。例如实行360度反馈评估，包括自评、上级评价、同事评价以及下属评价等多个层面。通过这种全方位的反馈，员工可以从不同角度了解到自己的优点和不足之处，进一步改进工作方式和提升工作效果。在实施反馈机制时，应保证反馈内容的客观性和建设性，鼓励员工积极接受反馈并进行自我反思。企业可以设立专门的反馈管理平台，收集和整理反馈信息，定期进行分析和总结，并将结果反馈给员工。通过这种方式，员工可以获得关于自身工作表现的全面视角，及时调整工作策略，提升工作效率和团队合作能力。反馈机制还能够促进管理层与员工之间的沟通，建立更为开放和信任的工作环境。

（四）发展计划

根据评估结果制订个人发展与改进计划，是员工成长和提升的关键步骤。企业应在定期评估和绩效考核之后，与员工共同制订详细的发展计划。这个计划应基于员工的评估结果，明确其优点和改进点，并结合员工的职业目标和企业的需求，制订个性化的培训和发展方案。例如若评估结果显示员工在某些技术技能上存在不足，则可以安排相关的培训课程或工作坊，以提升其技能水平。发展计划还应包括短期和长期的目标设定，明确达成目标的步骤和时间节点。例如设定半年内完成某个项目的关键任务，或在一年内提升到某个职级。定期跟踪进展，并根据实际情况调整计划，以确保员工能够持续进步和成长。通过制订和实施个人发展计划，员工能够有针对性地提升自我，达到职业发展的目标，同时也为企业培养出更具竞争力的员工队伍，推动整体业务的发展。

员工素质的评估与考核是一个系统化且多层次的过程，涵盖了定期评估、绩效考核、反馈机制和个人发展计划等关键环节。通过定期评估，企业可以及时掌握员工的专业素质和技能水平，并发现培训需求；绩效考核则为员工的工作表现提供了明确的评价标准，并结合多维度的评价，激励员工提高工作效率；有效的反馈机制则通过全方位的评价，帮助员工识别自身优点和不足，促进其持续改进；个性化的发展计划将评估结果转化为具体的成长目标和步骤，推动员工的职业发展。综合运用这些手段，企业不仅能够提升员工的个人能力，还能推动组织的整体进步和目标实现，从而在竞争激烈的市场环境中获得长远的成功。

四、人员素质提升的途径与方法

在现代企业管理中，提升员工素质已成为关键因素之一，它直接影响到公司的竞争力和可持续发展。人员素质提升涉及多个方面，包括系统的培训与教育、明确的职业发展规划、有效的知识共享机制以及科学的激励机制。这些途径不仅能增强员工的专业技能和综合素质，还能激发他们的工作热情和创造力，从而推动企业整体绩效的提升。通过制定和实施全面而科学的人才发展策略，企业能够有效地应对市场挑战，提升团队的凝聚力和战斗力，最终实现长期的业务增长和成功。

（一）培训与教育

为提升员工的综合素质和专业技能，系统的培训课程与学习资源至关重要。企业应设计科学、系统的培训体系，涵盖新员工入职培训、专业技能培训和领导力培训等多个方面。比如新员工入职培训可以包括企业文化、岗位职责、基本技能等内容，以帮助新员工快速适应工作环境。专业技能培训则应根据员工的岗位需求，提供相关的技术培训，如编程、项目管理等。领导力培训则面向潜在的管理者，重点培养他们的决策能力、团队管理能力和沟通技巧。企业还应提供多样化的学习资源，例如在线课程、行业报告、专家讲座等，以满足员工不同的学习需求。可以利用企业内部学习平台，将这些资源集中管理，并通过定期更新和评估，确保内容的时效性和实用性。举例来说，某IT公司为员工提供了一系列线上编程课程，并设立了知识库，员工可以随时查阅技术资料和行业动态，从而提升了他们的技术水平和工作效率。

（二）职业发展

职业发展路径和晋升机会对员工的长期发展至关重要，企业应制定明确的职业发展规划，为员工提供清晰的晋升通道。[1] 职业发展路径可以包括不同的岗位层级和职业方向，使员工能够根据自己的兴趣和能力选择合适的发展路线。例如销售人员可以选择从销售代表到销售经理，再到销售总监的晋升路径；技术人员则可以从初级工程师发展到高级工程师，再到技术总监。企业应定期进行职业发展规划评估，为员工提供个性化的职业发展建议。通过定期的绩效评估和职业发展面谈，帮助员工设定短期和长期的职业目标，并提供相应的支持和培训。还应设立晋升机制，确保员工在满足一定条件后可以获得晋升机会。举例来说，某公司设立了明确的晋升标准，并为每个岗位制订了详细的职业发展规划，员工可以通过达到绩效指标、完成培训课程等方式实现晋升，激励了员工的工作热情和积极性。

（三）知识共享

知识共享是提升团队整体素质和工作效率的重要手段，企业应建立知识共享平台和经验交流机制，鼓励员工之间的知识交流和经验分享。可以通过设立企业内部的知识管理系统，将员工在工作中积累的经验、技巧和解决方案进行系统整理和归档，以供其他员工参考和学习。例如企业可以创建一个在线知识库，员工

---

[1] Spoorthy K，Mark G，Vikas K，et al. Management of hypertensive crisis: British and Irish Hypertension Society Position document. [J]. Journal of human hypertension, 2022, 37 (10).

可以在其中发布和查阅技术文档、工作案例和问题解决方案，从而提升团队的整体技能水平。企业还可以定期组织经验交流会和专题研讨会，邀请公司内部或外部的专家进行分享。这些活动可以帮助员工了解行业最新动态、获取实践经验，并促进跨部门的沟通与合作。举例来说，某公司每季度举办一次内部技术交流会，员工可以分享自己的项目经验和技术创新，从而促进了全公司范围内的知识共享和技术进步。

（四）激励机制

激励机制是提升员工积极性和工作效率的重要手段，企业应设计科学合理的激励机制，通过各种奖励措施来激发员工的工作热情和创造力。激励措施可以包括物质奖励，如绩效奖金、股票期权和晋升机会，也可以包括非物质奖励，如表彰、荣誉证书和培训机会。企业应根据员工的工作表现和贡献，设立明确的奖励标准和评估机制。例如某公司设立了年度最佳员工奖，每年评选出表现突出的员工，并给予丰厚的奖金和荣誉称号。公司还鼓励员工通过完成具有挑战性的项目来获取额外的奖励，这种方式不仅提升了员工的积极性，也促进了企业的整体发展。

为了提升员工的综合素质和专业技能，企业应采取多种有效的方法。一是通过系统的培训与教育，包括新员工入职培训、专业技能培训和领导力培训，企业可以帮助员工快速适应岗位要求，提高其职业技能。二是明确的职业发展路径和晋升机会对于员工的长期职业发展至关重要，它能提供清晰的成长方向和发展动力。三是建立知识共享平台和经验交流机制，鼓励员工之间的知识交流和经验分享，有助于提升团队的整体素质和工作效率。四是科学合理的激励机制，通过物质和非物质奖励措施，能够有效激发员工的积极性和创造力，从而推动企业的整体发展。通过这些途径的综合应用，企业不仅能够提高员工的专业能力，还能增强其团队协作精神，实现更高效的组织运作和业务成就。

第二节　档案管理与信息安全的人才队伍建设

一、人才队伍建设的重要性

在信息化时代，企业的信息资产管理和安全保护变得至关重要。档案管理与信息安全团队的专业能力提升、风险控制、组织效率优化和创新驱动成为确保企业信息资产安全和高效运作的关键因素。专业知识和技能的系统培训、有效的风险控制措施、优化的团队协作和持续的技术创新，不仅能提升团队的整体素质，还能在面对复杂的挑战时提供强有力的支持。

（一）专业能力提升

档案管理与信息安全的专业能力提升是确保企业信息资产安全的基石，在信息化时代，档案不仅仅是历史资料的保存，更是企业运营中的重要资产。因此，团队成员需要具备扎实的专业知识和技能。例如档案管理人员需掌握电子文档管理、档案分类与整理、数据备份与恢复等技术，而信息安全人员则需精通网络安全、加密技术、漏洞分析与防护等领域。通过系统的培训和认证，如 ISO 15489（档案管理国际标准）和注册信息系统安全专家，可以有效提升团队的整体专业能力。举例来说，一个大型企业在实施信息系统整合时，培训档案管理和信息安全团队，让他们了解新系统的功能和操作流程，能显著提高系统上线后的数据处理效率和安全性。培训不仅包括理论知识，还涵盖实际操作的模拟演练，确保每个团队成员能够熟练应对工作中的各种挑战。

（二）风险控制

信息安全风险的识别与应对能力是保护企业免受数据泄露和网络攻击的重要措施，团队需要掌握风险评估的方法，定期进行风险分析，识别潜在的威胁和漏洞。例如开展信息安全审计和渗透测试，以评估系统的脆弱性，并采取相应的补救措施。团队还应熟悉最新的网络安全威胁，如勒索病毒和钓鱼攻击，以便及时作出响应。例如一家金融机构在面对近年来频发的网络攻击时，通过建立专门的风险控制小组，对系统进行全面的安全扫描，发现并修补了多个潜在的漏洞。这不仅有效避免了数据泄露，还增强了客户对机构的信任。通过不断更新风险控制策略和技术手段，团队能够保持对新兴威胁的敏感性和应对能力。

（三）组织效率

优化团队协作是提升组织效率的关键，档案管理与信息安全团队的协作涉及信息的收集、处理和保护等多个环节。通过明确角色和职责，建立高效的沟通机制，可以减少信息传递中的误差和延迟。采用协作工具和平台，如项目管理软件和知识库系统，能大幅提高工作效率。例如利用在线协作工具进行实时共享和编辑档案文档，使得不同部门的人员能够及时获取最新信息并进行协作，避免了因信息不对称而产生的工作滞后。举例来说，一家跨国公司在推行数字化档案管理时，部署了一个集成的文档管理系统，所有团队成员可以通过该系统实时访问和更新档案信息。这样一来，团队成员间的信息流通变得更加顺畅，工作效率显著提高，项目进度也得到了有效的控制。

（四）创新驱动

推动技术创新和业务发展是档案管理与信息安全领域人才队伍建设的重要目标，团队应具备前瞻性思维，积极跟踪和应用最新的技术趋势，如人工智能、大数据分析和区块链技术。这不仅能提升工作效率，还能为业务发展提供新的机遇。例如利用人工智能进行智能化档案分类和信息检索，能大大缩短数据处理时间，提高档案管理的精确度。例如一家医疗机构在引入人工智能技术后，通过智能化的档案管理系统，能够自动识别和分类患者的医疗记录。该系统不仅提高了档案管理的效率，还通过数据分析预测了患者的健康趋势，为临床决策提供了有力支持。通过不断的技术创新，团队不仅提升了自身的专业能力，也为业务的拓展和发展提供了强有力的支撑。

人才队伍的建设在档案管理和信息安全领域中具有极其重要的作用，通过不断提升专业能力、强化风险控制、优化组织效率和推动技术创新，企业能够有效保障信息资产的安全，提升业务运作的效率。系统化的培训和认证、先进的风险控制策略、高效的协作工具以及前瞻性的技术应用，都是提升团队能力和业务发展的重要手段。这种全面的能力建设将为企业在复杂多变的环境中提供持续的竞争优势。

二、人才队伍建设的策略与措施

在当今快速变化的商业环境中，企业的竞争力往往取决于其人才队伍的素质和效率。为确保团队的高效运作并保持行业领先地位，企业必须采取一系列综合性的策略和措施。这包括制订科学的招聘计划、实施系统化的培训与职业发展计划、组织有效的团队建设活动，以及提供充分的资源配置。通过这些措施，企业不仅可以招募到适合的专业人才，还能通过培训提升其综合能力，通过团队建设增强团队凝聚力，并通过合理的资源配置保障团队的高效运行。以下将详细阐述这些策略与措施，探讨如何通过实施这些措施来优化人才队伍建设，从而推动企业的整体发展和竞争力提升。

（一）招聘计划

制订明确的人才招聘与选拔标准是确保团队高效运作的基础，首先需要根据岗位职责和企业需求，制订详细的招聘要求，包括学历、工作经验、专业技能等方面。例如档案管理岗位可能要求应聘者具备档案管理或信息管理相关专业背景，以及熟悉电子文档管理系统。信息安全岗位则需候选人掌握网络安全技术、加密技术及风险评估能力。招聘过程中，还应设计科学的面试和评估环节，如情景模拟、技术测试和案例分析，以全面评估应聘者的综合能力。举例来说，一家IT公司在招聘信息安全工程师时，通过编制详细的职位描述和技术面试，成功筛选出具有丰富经验和高级技能的候选人，确保了团队的高效运作和技术支持能力。

（二）培训发展

实施系统化的培训与职业发展计划是提升员工综合素质和职业能力的重要手

段，企业应根据不同岗位的需求制订相应的培训计划，包括新员工入职培训、在职技能提升培训和职业发展规划等。培训内容可以包括专业知识、操作技能、行业动态等。例如档案管理人员可以接受关于数字档案处理、数据保护法规的培训，而信息安全人员则可以学习最新的网络攻击防御技术和工具。职业发展方面，可以为员工提供晋升通道和跨部门发展机会，激励员工不断提升自身能力。举例来说，一家金融机构为其档案管理团队制订了年度培训计划，通过内部讲座和外部认证培训，提升了员工的业务能力和职业素养，从而增强了团队的整体竞争力。

（三）团队建设

组织团队活动是增强团队凝聚力和合作精神的有效方式，通过定期的团队建设活动，如户外拓展、团队合作游戏、研讨会等，可以促进团队成员之间的交流与合作，增强团队的整体默契和信任感。团队建设活动还可以帮助缓解工作压力，提高员工的工作满意度和积极性。例如公司可以定期举办团队建设日，包括各种合作任务和挑战，以提升团队成员的协作能力和问题解决能力。举例来说，一家咨询公司定期组织团队拓展训练，通过模拟项目和团队合作任务，成功提升了员工的团队协作能力和工作效率，进一步增强了团队的凝聚力和工作动力。

（四）资源配置

提供必要的技术支持与工作资源是确保团队高效运作的关键因素，企业需要为团队配置先进的技术工具和设备，如最新的软件系统、数据存储设备、安全防护设施等。提供充足的办公资源，如舒适的工作环境、便捷的办公设施等，也有助于提高员工的工作效率和满意度。技术支持团队应定期维护和更新设备，确保技术资源的稳定性和可靠性。举例来说，一家医疗机构在升级档案管理系统时，投资配置了高性能的服务器和数据备份系统，同时为员工提供了操作培训和技术支持，确保了系统的顺利上线和高效运行。这种周到的资源配置不仅提高了工作效率，也保障了信息安全。

有效的人才队伍建设需要全面的策略与措施，首先通过制订明确的招聘计划，企业能够吸引并选拔符合要求的优秀人才，确保团队具备所需的专业技能和经验。系统化的培训与职业发展计划能够提升员工的综合素质和职业能力，增强其对岗位的适应性和对企业的忠诚度。团队建设活动的组织则有助于增强团队的凝聚力和合作精神，提高员工的工作满意度和积极性。而充足的资源配置则是确保团队高效运作的基础，通过提供先进的技术支持和舒适的工作环境，企业能够进一步提升员工的工作效率和整体满意度。通过综合运用这些策略与措施，企业能够构建一个高效、专业、协作的团队，从而实现长期的可持续发展和竞争优势。

三、人才队伍的激励与约束机制

在现代企业管理中，有效的人才队伍管理是提升组织竞争力的关键因素。激励与约束机制不仅影响员工的工作动力和团队绩效，还关乎企业的整体运作和发展。为了实现这些目标，企业需要设计出合理的激励措施、绩效考核体系和约束机制，同时建立畅通的沟通渠道。通过这些策略，企业能够最大化地激发员工的潜力，确保团队的高效运作，并维持良好的工作秩序和员工满意度。

（一）激励措施

设立有效的激励措施对于激发员工的工作热情和提升团队绩效至关重要，奖金制度可以根据员工的工作表现和团队的整体成果进行分配。[①] 比如企业可以设立季度奖金或年终奖，以奖励业绩突出和贡献显著的员工。晋升机制也是激励员工的重要手段，明确的晋升路径和标准可以激发员工的职业发展动力。比如设立明确的晋升阶梯，规定达到特定业绩指标或完成专业培训后可晋升到更高级别的岗位。企业还可以通过各种奖励制度，如年度最佳员工奖、创新奖等，来认可和鼓励员工的突出表现。例如一家销售公司设立了"最佳销售奖"和"年度贡献奖"，通过设立这些奖项和制定透明的评选标准，激励了员工的积极性和创造力，显著提升了销售业绩和团队士气。

---

① Katarzyna M, Angelica F, Pierre G, et al. Editorial: Lessons from the past: Linking the paleofire record and fire management in the context of a warming world [J]. Frontiers in Ecology and Evolution, 2022.

（二）绩效考核

建立公平的绩效考核体系是确保员工工作的公平性和透明度的关键，绩效评估应根据明确的考核指标进行，这些指标应涵盖工作质量、工作效率、目标达成度等方面。例如企业可以制定量化的考核标准，如销售额、客户满意度等，并根据这些标准对员工进行评估。绩效反馈应及时、详细且建设性。管理者应与员工进行定期的绩效面谈，提供具体的改进建议和职业发展指导。例如一家技术公司通过季度绩效评估，结合员工自评、同事评价和上级评估，形成全面的评估报告，并在面谈中讨论员工的优点与待改进之处，帮助员工制订个人发展计划。这种公平的评估和反馈机制不仅提升了员工的工作积极性，也促进了个人和团队的整体进步。

（三）约束机制

明确的岗位职责与行为规范是维持团队秩序和确保工作效率的重要保障，每个岗位应有清晰的职责描述，员工应明确其工作内容和目标。例如项目经理的职责可能包括项目计划的制订、团队的协调、进度的监控等。通过明确岗位职责，避免工作中的职责重叠或遗漏。行为规范也需要清晰规定，以确保员工的行为符合企业文化和业务需求。例如企业可以制订行为规范手册，涵盖工作纪律、沟通礼仪、职业道德等方面。举例来说，一家制造企业制订了详细的岗位职责说明书和员工行为规范手册，并在员工入职培训中进行讲解和签署，以确保每位员工了解并遵守公司的规定，从而维持了良好的工作秩序和高效的团队运作。

（四）沟通机制

建立良好的沟通渠道与问题反馈机制对于提高工作效率和员工满意度至关重要，企业应设置多种沟通渠道，如定期的团队会议、部门例会、内部社交平台等，确保信息能够及时传达和反馈。例如定期的团队会议可以讨论项目进展、解决问题和分享经验。问题反馈机制也应畅通无阻，员工应能够轻松提出问题和建议，并得到及时回应。企业可以设置专门的意见箱、反馈邮箱或在线反馈系统，鼓励员工提出改进建议和反馈问题。例如一家科技公司通过内部沟通平台和定期的意见反馈会议，成功收集并处理了员工提出的工作改进建议，解决了若干流程瓶颈问题，从而提高了工作效率和员工的满意度。建立这样一个沟通机制有助于保持团队的透明度和信任感，进一步促进组织的整体协调和发展。

人才队伍的管理涉及多方面的策略，激励措施如奖金制度和晋升机制能够显著提升员工的工作热情和绩效；绩效考核体系通过明确的考核指标和及时的反馈，确保工作的公平性和透明度；约束机制通过明确的岗位职责和行为规范，维持团队秩序和工作效率；沟通机制则通过多种渠道和反馈系统，提升了信息传递和问题解决的效率。综合运用这些机制，企业能够打造一个高效、和谐的工作环境，推动组织的持续发展。

四、人才队伍的持续发展路径

在当今快速发展的职场环境中，人才队伍的持续发展是企业保持竞争力和实现长期成功的关键。职业规划、技能更新、领导力培养和行业交流是确保员工不断成长和适应变化的重要路径。通过制定清晰的职业发展目标、定期更新技能、培养未来领导者以及积极参与行业交流，企业能够有效地提升员工的综合素质和整体团队的能力，从而在竞争激烈的市场中稳固自身的位置。

（一）职业规划

职业规划是员工职业发展的重要基石，有助于实现个人职业目标和企业战略目标的对接。确定长期职业发展目标和路径可以帮助员工明确职业方向并持续进步。企业应帮助员工设立清晰的职业目标，如晋升到管理层、成为某一领域的专家等，并确定相应的发展路径。比如企业可以与员工一起制订职业发展计划，明确短期和长期目标，设立关键里程碑，并定期评估进展。企业可以提供职业发展咨询和辅导，帮助员工识别自身优势和改进领域。例如一家大型跨国公司通过与员工共同制订个性化的职业发展计划，结合岗位需求和员工兴趣，帮助员工规划了从技术岗位到项目管理岗位的过渡路径，并提供了必要的培训和资源支持。这种系统化的职业规划不仅提高了员工的职业满意度，也有助于企业培养长期稳定的核心人才。

（二）技能更新

在快速变化的职场环境中，持续更新技能和知识是保持竞争力的关键。企业应鼓励员工定期参加培训和学习，确保他们能够适应新技术和行业挑战。企业可以设立技能更新计划，包括定期的内部培训、外部课程和认证项目。例如企业可以为员工提供技术培训课程，如数据分析、人工智能等新兴领域，帮助他们掌握前沿技术。企业还应鼓励员工自主学习，通过资助进修学习、提供学习资源和时间支持，激励员工持续学习。举例来说，一家IT公司设立了年度技能提升计划，员工可以根据自身的职业发展需求选择技术课程和认证，公司还提供了在线学习平台和学习津贴，促使员工不断更新技能和知识，提升整体团队的技术水平和适应能力。

（三）领导力培养

领导力是企业持续发展的重要保障，因此培养未来的管理人才尤为重要。企业应提供系统的领导力培训，帮助员工发展管理能力和领导潜质。企业可以设计专门的领导力培训课程，涵盖团队管理、战略规划、沟通技巧等方面。例如企业可以组织高管培训班、管理技能工作坊以及一对一的领导力辅导，帮助员工提升领导能力。企业还可以通过实际项目和挑战，提供领导实践的机会，让员工在实践中锻炼领导力。举例来说，一家大型制造企业开展了"未来领导者计划"，通过一系列的领导力培训课程和轮岗实习，帮助潜在的管理人员掌握领导技能，并通过实际项目领导团队，从而培养了多个具备管理潜力的核心人才，为企业的未来发展奠定了基础。

（四）行业交流

行业交流是拓展员工视野和提升行业知识的重要途径，企业应鼓励员工积极参与行业会议、研讨会和交流活动，以保持对行业最新动态的敏感性。企业可以资助员工参加行业相关的会议和展览，提供交流平台。例如企业可以为员工提供参加国际行业大会的机会，鼓励他们分享经验和学习新技术。企业还可以组织内部知识分享会，邀请行业专家进行讲座和讨论，以促进内部知识的传递和交流。举例来说，一家生物科技公司鼓励员工参加国内外的生物医学大会，并通过设置内部分享平台，员工可以在会上了解到最新的行业趋势和技术创新，并将这些知识带回公司，分享给团队，从而提升整体的行业敏感度和创新能力。这种行业交流不仅扩展了员工的专业视野，也推动了企业的技术创新和市场竞争力。

人才队伍的持续发展路径包括职业规划、技能更新、领导力培养和行业交流，企业通过制订明确的职业发展计划、提供持续的技能培训、系统化的领导力培养以及鼓励行业交流，能够有效地提升员工的职业能力和适应性。这些举措不仅增强了员工的职业满意度，也为企业培养了核心人才，推动了技术创新和市场竞争力的提升。最终，这些措施为企业的长期发展奠定了坚实的基础。

第三节 档案管理与信息安全的企业文化塑造

一、企业文化在档案管理中的作用

企业文化在档案管理中发挥着至关重要的作用，通过规范行为、增强协作、提升意识和激励创新等方面，促进了档案管理工作的高效实施和持续改进。档案管理作为企业信息管理的核心环节，不仅涉及信息的准确保存和安全保障，还直接影响企业的运营效率和合规性。因此，建立并落实积极的企业文化，有助于确保档案管理的规范化、协作化、意识化和创新化，从而推动企业整体信息管理水平的提升。

（一）规范行为

企业文化在档案管理中扮演了规范行为的重要角色，通过制定并推行统一的档案管理标准与操作流程，确保了档案处理的高效性和一致性。企业应建立系统化的档案管理政策，包括档案的分类、存储、保密和销毁等方面的详细规定。这些标准化操作流程可以通过培训、手册和内部沟通渠道传达给每一位员工。例如一家金融公司通过建立详尽的档案管理流程图和操作手册，确保所有员工在处理档案时遵循相同的标准，从而有效减少了文件丢失和信息泄露的风险。企业还应定期审核和更新这些标准，以适应新的法规和技术发展。这种规范化的管理不仅提高了档案处理的效率，还保障了信息的安全性和合规性。

（二）增强协作

企业文化对档案管理中的协作也有着重要的影响，良好的企业文化可以促进部门之间的沟通与合作，确保档案管理工作的顺利进行。[①] 企业应建立跨部门的沟通机制，定期召开会议和协调会，讨论档案管理中的问题和挑战。例如一家大型制造企业通过设立档案管理委员会，定期组织各部门的代表参与讨论，解决在档案管理过程中遇到的实际问题。这种跨部门的协作不仅有助于统一档案管理标准，还能提高信息流通的效率。企业还可以通过建立共享平台和协作工具，方便部门之间的信息传递和文件共享，进一步提升团队合作的效果。这种文化氛围有助于消除部门间的壁垒，增强整体档案管理的协调性。

（三）提升意识

提升员工对档案管理重要性的认识是企业文化的重要组成部分，有助于确保档案管理工作的有效实施。企业应通过培训和宣传活动，增强员工对档案管理的重视，确保他们理解档案管理对企业运营的影响。例如企业可以定期举办档案管理培训课程，邀请专家讲解档案管理的法律法规和最佳实践，帮助员工认识到档案管理的重要性。以一家医疗机构为例，该机构通过开展档案管理意识提升活动，结合案例分析和互动讨论，使员工了解不当档案管理可能带来的风险和后果，从而增强了他们的责任感和警觉性。企业还可以通过奖励机制，激励员工在日常工作中严格遵循档案管理规范。提升意识有助于形成全员参与的档案管理文化，提高档案管理的整体水平。

[①] Qiuju Z. Research on Electronic Archives Management Based on Blockch 人工智能 n Technology [J]. Scientific Development Research, 2022, 2 (6).

(四）激励创新

企业文化中的创新精神可以有效地推动档案管理的持续改进，鼓励员工在档案管理中提出改进建议，能够帮助企业不断优化管理流程和提升效率。企业应建立建议反馈机制，鼓励员工提出改进意见，并对有价值的建议给予认可和奖励。例如一家科技公司设立了"档案管理创新奖"，鼓励员工提交对档案管理的创新建议，并对采纳的建议给予奖金和荣誉。这种激励机制不仅提升了员工的参与感，还促进了档案管理工作的优化和创新。企业还可以通过定期举办头脑风暴会，汇集不同部门的观点和创意，探索档案管理中的新方法和新工具。这种创新驱动的文化氛围，有助于企业持续改进档案管理，提升整体信息管理水平。

企业文化在档案管理中的作用不可忽视，首先通过规范行为，企业文化确保了档案处理的标准化和高效性，减少了信息泄露和管理风险。良好的企业文化促进了部门之间的协作和沟通，提高了档案管理的协调性和信息流通效率。提升员工对档案管理重要性的认识，通过培训和宣传活动强化了他们的责任感，增强了档案管理的整体水平。企业文化中的创新精神推动了档案管理的持续改进，激励员工提出改进建议，优化管理流程和工具。总的来说，企业文化在档案管理中发挥了重要的促进作用，使得档案管理不仅能够高效进行，还能够适应不断变化的需求和挑战。

二、企业文化对信息安全的影响

企业文化在信息安全管理中扮演着关键角色，能够显著影响员工的安全意识、行为规范、风险管理以及文化渗透。随着信息技术的发展和网络威胁的不断升级，企业面临的安全挑战日益严峻。在这样的背景下，建立和强化以信息安全为核心的企业文化，不仅可以提升员工的安全意识，规范操作行为，还能促进风险管理和文化的深入渗透。通过深入探讨企业文化对信息安全的影响，我们可以更好地理解如何通过文化建设来增强企业的信息保护能力。

（一）安全意识

企业文化对提升员工的信息安全意识至关重要。通过建立安全意识的文化氛围，员工可以深刻理解信息安全对企业和个人的影响，进而在日常工作中自觉遵守相关的安全规范。企业应开展定期的信息安全培训，教育员工有关信息安全的基础知识、常见威胁以及防范措施。例如一家科技公司定期举办网络安全讲座和模拟钓鱼攻击演练，使员工认识到潜在的网络攻击风险并学习如何防范。企业还可以通过信息安全宣传活动，如发布安全提示和案例分析，进一步提高员工的警觉性和责任感。这种文化氛围使得员工在面对信息安全问题时能够主动采取措施，从而有效降低信息泄露和数据丢失的风险。

（二）行为规范

企业文化在建立信息安全行为规范和操作标准中发挥着核心作用，通过明确的信息安全规范和操作标准，员工能够在日常工作中有章可循，从而避免因操作不当而导致的信息安全问题。企业应制定详细的信息安全政策，包括密码管理、数据访问权限、信息传输和存储等方面的规定。例如一家金融机构通过发布《信息安全管理手册》，规定了员工在处理敏感信息时必须遵循的具体步骤，如定期更换密码和加密文件传输。这些行为规范应通过培训和内部沟通渠道传达给每位员工，并在实际操作中进行监督和评估。建立清晰的操作标准，不仅有助于提升信息安全管理的规范性，也确保了信息保护措施的有效落实。

（三）风险管理

企业文化对信息安全风险管理的影响不可忽视，通过建立良好的文化氛围，企业可以更有效地识别和管理信息安全风险，提升整体风险应对能力。企业应鼓励员工报告潜在的安全问题和异常活动，建立反馈机制，以便及时采取措施。例如一家制造企业设立了信息安全风险报告系统，员工可以匿名报告发现的安全漏洞或异常行为，相关部门随后进行调查和修复。这种开放的风险管理文化有助于快速识别和应对安全隐患。企业应定期进行风险评估，审查信息安全措施的有效性，并根据评估结果调整安全策略和操作流程。通过系统化的风险管理，企业能够更好地保护信息资产，防范潜在的安全威胁。

（四）文化渗透

将信息安全文化融入日常工作中，有助于形成全员参与的信息安全管理氛围。企业应在日常运营中不断强调信息安全的重要性，使其成为企业文化的核心部分。信息安全文化应在企业的使命和价值观中体现，企业领导应以身作则，推广信息安全的良好实践。例如一家大型跨国公司在其企业文化中明确了信息安全的优先级，领导层定期参与信息安全培训，并在公司内部会议上强调信息保护的重要性。企业还可以通过在日常工作中嵌入信息安全相关的检查和流程，如在项目管理中加入安全审查环节，确保信息安全文化的有效渗透。通过这些措施，信息安全不仅成为员工的自觉行为，也成为企业文化的自然延续，从而提升整体的信息保护水平。

企业文化对信息安全的影响是全面而深远的，通过提升安全意识，员工能够自觉遵守信息安全措施，减少安全事件的发生。明确的行为规范和操作标准确保了信息处理的安全性和一致性，有效规避了操作风险。风险管理文化的建立帮助企业及时识别和应对安全隐患，提高了整体防护能力。将信息安全文化融入日常工作中，使其成为企业文化的核心部分，进一步巩固了信息保护措施的实施效果。企业文化不仅是信息安全的坚实基础，更是保障信息资产安全的核心驱动力。

三、企业文化的塑造与传播途径

企业文化的塑造与传播是企业成功和持续发展的重要保障，有效的企业文化不仅能够增强员工的归属感和凝聚力，还能推动企业战略目标的实现。领导示范、培训教育、内部沟通以及文化活动，都是企业文化塑造与传播的关键途径。通过高层领导的积极示范，员工能够在日常工作中明确企业文化的实际应用；通过系统的培训和教育，员工能够深入理解企业的核心价值观；通过有效的内部沟通，企业文化能够在全员中得以广泛传播；通过丰富多样的文化活动，企业能够在实践中进一步巩固文化理念。这些途径共同作用，形成了企业文化建设的系统性和有效性，为企业的长期发展提供了坚实的文化基础。

（一）领导示范

企业文化的塑造离不开高层领导的示范作用，高层领导的行为和决策不仅传递企业的价值观，还为全体员工树立了榜样。领导以身作则，能够使企业文化更具权威性和影响力。例如一家大型科技公司在推动创新文化时，公司的 CEO 亲自参与产品开发讨论，鼓励团队成员提出创新想法，并且将这些创新理念付诸实践。领导们还经常在公司内部会议上分享自己在创新方面的经验，强调创新在公司战略中的重要性。这种做法不仅激励了员工的创造力，还确保了公司文化与实际行动的一致性。高层领导的积极参与和示范，使企业文化在全公司范围内得到了有效传播和落实。

（二）培训教育

培训和教育是企业文化传播的重要途径，通过系统的培训和讲座，可以将企业文化理念深入人心，帮助员工理解并践行企业的核心价值观。企业应定期组织文化培训，以增强员工对企业使命、愿景和价值观的认同感。例如一家跨国公司设立了专门的文化培训部门，每月举办关于公司历史、文化价值观和行业最佳实践的讲座，确保新入职员工能够快速融入企业文化。公司还通过在线学习平台提供文化相关课程，方便员工随时随地学习。通过这种系统化的培训和教育，员工能够更好地理解和应用企业文化理念，从而提高工作效率和团队凝聚力。

（三）内部沟通

有效的内部沟通是企业文化传播的关键，通过内部通讯、公告和各类活动，可以不断强化企业文化的认同感和归属感。企业可以利用公司内部的电子邮件、公告栏、企业内网等渠道，定期发布有关企业文化的新闻、成功案例和员工故事。例如一家金融服务公司通过每月的内部通讯《文化之声》分享公司内部的文化活动、员工成就以及文化建设的最新进展。企业还可以在公司年度大会上总结和展示文化成果，让员工看到企业文化对公司的实际影响。这种多渠道、多形式的沟通方式，有助于增强员工对企业文化的认同感和参与度，确保企业文化在日常工作中的有效传播。

（四）文化活动

组织各类文化建设活动是强化企业文化的重要手段，通过团队建设活动和文化节，不仅能够提升员工的凝聚力，还能使企业文化在实际行动中得到体现。例如一家制造企业每年举办一次"企业文化节"，活动包括公司历史展览、文化主题演讲、员工才艺展示等，旨在增强员工对企业文化的认同感。在日常工作中，企业还可以组织团队建设活动，如户外拓展训练、团队合作竞赛等，既能促进员工之间的合作与沟通，也能在轻松愉快的氛围中传递企业文化。通过这些丰富多样的文化活动，企业能够将文化理念具体化、生活化，从而使企业文化深入人心，成为员工日常工作的一部分。

企业文化的塑造与传播依赖于多种有效途径，每一项措施都在不同层面上强化和推广企业的核心价值观。领导示范不仅树立了文化榜样，也确保了文化理念的实际践行；培训教育通过系统的学习帮助员工深入理解和内化企业文化；内部沟通利用各种渠道不断强化员工对企业文化的认同感和归属感；文化活动则通过丰富的实践活动将企业文化具体化，使其融入员工的日常工作和生活中。通过这些综合措施，企业能够将文化理念转化为实际行动，促进员工的积极性和企业的整体效能，从而实现企业的长期战略目标。

四、企业文化的创新与发展方向

在现代企业管理中，企业文化不仅是组织的灵魂和核心竞争力的体现，也在企业发展和员工满意度中发挥着至关重要的作用。随着市场环境的不断变化和企业规模的扩展，企业文化的创新与发展已成为企业成功的关键因素之一。企业文化的创新包括文化融合、技术支持、反馈机制以及国际视野等多个方面。这些要素的有效整合和应用，不仅能够提升企业的内部凝聚力和外部竞争力，还能帮助企业适应不断变化的市场需求和多元化的员工期望。

（一）文化融合

企业文化需要与时俱进，以适应企业的发展和员工的需求。文化融合是实现这一目标的关键,即通过不断的文化更新,确保企业文化与企业战略和员工期望相匹配。例如一家快速发展的互联网公司在经历了初创期的创业文化后,随着业务的扩展和组织规模的扩大,逐渐引入了更加注重管理规范和创新激励的文化元素。公司通过对员工进行调查和沟通,了解到员工对于职业发展和工作环境的期望,并根据这些反馈对企业文化进行了调整。比如引入了更多的职业培训机会和灵活的工作安排,同时增加了对创新和团队合作的重视。这种文化融合不仅使企业文化更具包容性和适应性,还帮助企业在不断变化的市场环境中保持竞争力。

(二) 技术支持

信息技术工具的应用可以极大地促进企业文化的传播和员工之间的互动,借助现代信息技术,企业能够更高效地传播文化理念,并创造互动平台,增强员工的参与感和归属感。例如一家全球领先的科技公司开发了一个内部社交平台,用于分享企业文化相关的信息、成功案例和员工故事。这个平台不仅可以发布公司的文化活动和重要通知,还允许员工在上面分享他们的工作经验和个人成就。通过这种技术支持,企业能够在全球范围内实现文化的一致性和互动性,同时也促进了不同地区员工之间的沟通与协作。公司还利用数据分析工具跟踪员工对文化内容的反馈和参与情况,从而不断优化文化传播策略和互动方式。

(三) 反馈机制

建立有效的员工反馈机制是确保企业文化与员工需求相符的重要途径,通过系统化的反馈机制,企业能够及时了解员工对企业文化的看法和建议,并根据这些反馈进行必要的调整。例如一家大型零售企业每季度都会进行一次员工满意度调查,调查内容包括企业文化的适用性和员工的文化体验。调查结果会被用来评估现有文化政策的有效性,并根据反馈进行调整。企业还设立了文化建议箱和定期的员工座谈会,鼓励员工提出改进意见。这些反馈机制不仅帮助企业及时识别文化管理中的问题,还能够提升员工的参与感和满意度,确保企业文化能够不断适应变化的需求和挑战。

(四) 国际视野

借鉴国际化企业文化可以帮助企业推动文化的多元化发展，提升全球业务的适应性和竞争力。通过引入和融合国际化的文化元素，企业不仅能够丰富自己的文化内涵，还能够增强对不同市场的理解和适应能力。例如一家跨国企业在其全球运营中，结合各地区的文化特色，设计了一套多元化的企业文化体系。该公司通过调研不同国家和地区的文化差异和工作习惯，制定了具有全球视野的文化政策，并在不同地区的办公室中进行本地化调整。比如公司在亚洲地区增加了更多强调团队合作和尊重的文化活动，而在欧洲地区则强调个人创意和独立工作的文化元素。这种文化的多元化发展不仅提升了企业在全球市场的竞争力，还促进了不同文化背景员工之间的融合与合作。

企业文化的创新与发展是一个动态而复杂的过程，涉及文化融合、技术支持、反馈机制和国际视野等多个方面。通过文化融合，企业能够确保文化与战略和员工期望的契合，从而在快速发展的市场中保持竞争力。信息技术的应用则为企业文化的传播和员工互动提供了强大的支持，增强了员工的参与感和归属感。建立有效的反馈机制，使企业能够及时了解员工的需求和意见，从而不断优化和调整企业文化。借鉴和融合国际化的文化元素，能够丰富企业的文化内涵，并提升全球业务的适应性和竞争力。企业文化的持续创新与发展不仅能够提升企业的整体表现，还能够促进员工的个人成长和企业的长期成功。

第四节 档案管理与信息安全的社会责任与伦理规范

一、社会责任的承担与履行

在当今社会，企业和机构承担社会责任已经成为衡量其综合实力的重要标准。档案管理与信息安全作为其中的关键领域，其社会责任的履行尤为重要。这包括法律遵守、数据保护、社会贡献和透明度四个方面。企业通过严格遵守法律法规、实施先进的数据保护措施、积极参与公益活动以及提高运作透明度，能够有效保障用户权益、提升市场信誉，并为社会的可持续发展做出积极贡献。

（一）法律遵守

档案管理与信息安全领域的社会责任首先体现在严格遵守相关法律法规方面，企业和机构必须遵循国家及地方的法律规定，例如《个人信息保护法》《数据安全法》等，确保所有档案管理和信息处理活动都在法律框架内进行。以某国际金融机构为例，该公司在处理客户金融数据时，严格按照《金融隐私保护法》的要求执行，确保客户的个人信息不被非法访问或使用。通过建立健全的合规管理体系，该机构定期对数据处理流程进行审计，确保所有操作均符合法律要求。这种做法不仅维护了客户的合法权益，也增强了企业的市场信誉，避免了法律风险和经济损失。

（二）数据保护

数据保护是档案管理和信息安全的核心任务之一，企业应采取严格的措施来保护用户数据的隐私，防止数据泄露或滥用。例如一家大型社交媒体平台通过实施先进的加密技术和访问控制机制，确保用户数据在存储和传输过程中的安全。公司定期进行安全漏洞扫描和系统更新，以应对潜在的网络攻击。该平台还设立了专门的隐私保护团队，负责监控和响应数据保护相关的安全事件，及时处理潜在的隐患。通过这些措施，该公司不仅保护了用户的个人信息，还提升了用户对平台的信任和忠诚度。

（三）社会贡献

企业在履行社会责任方面，还应积极参与公益活动，回馈社会。这不仅能够提升企业形象，也有助于建立良好的社会关系。例如一家知名科技公司设立了"企业社会责任基金"，专注于支持教育、环保和社会福利项目。公司定期组织员工参与志愿服务，如为贫困地区的学校捐赠计算机设备，或参与植树活动等。这些公益行动不仅体现了企业对社会的贡献，也增强了员工的社会责任感和团队凝聚力。通过这种方式，企业不仅在经济上获得成功，还为社会的可持续发展做出了积极的贡献。

（四）透明度

提升组织运作的透明度是履行社会责任的重要方面，企业应主动公开有关档案管理和信息安全的政策、实践和绩效，接受社会监督。例如一家国际知名的制造企业在其年度报告中详细披露了数据管理的策略和实施情况，包括数据保护措施、合规审计结果以及相关改进计划。公司还设立了一个透明的举报渠道，允许员工和公众报告潜在的违规行为或安全问题。这种做法不仅增强了社会对企业的信任，也促进了企业自身的治理改进，使其在透明和诚信的基础上赢得了良好的社会声誉。

企业在档案管理和信息安全领域的社会责任不仅关乎法律合规和数据保护，还涉及其对社会的积极贡献及运作透明度。通过严格遵循法律法规、采取有效的数据保护措施、积极参与公益事业，并保持高度的透明度，企业能够实现可持续发展，提升自身的社会形象，并获得公众和客户的信任。这些做法共同构建了企业履行社会责任的核心框架，有助于在实现经济目标的推动社会的整体进步。

二、伦理规范在档案管理中的体现

在档案管理中，伦理规范是保障档案安全和有效性的核心基础。保密原则、公正公平、诚信记录和合规操作这四大伦理规范不仅构建了档案管理的基本框架，还确保了信息的机密性、处理的公正性、记录的真实性和操作的合规性。通过严格遵守这些伦理规范，机构不仅能提升管理效率，还能赢得公众信任，维护组织的声誉和合法权益。

（一）保密原则

在档案管理中，保密原则是基础性伦理规范之一。确保档案信息的机密性和隐私保护是每个机构的责任。例如一家医疗机构在管理病人档案时，采取了多重保密措施。所有病人信息均以加密方式存储，并限制访问权限，仅授权相关医务人员进行查阅。机构定期对系统进行安全检测，防止信息泄露。工作人员需签署保密协议，并接受保密培训，以确保他们理解并遵守保密原则。这些措施不仅保护了患者的个人隐私，也提高了患者对医疗机构的信任度，有效维护了机构的声誉和合法权益。

（二）公正公平

在档案管理中，公正公平是确保档案处理不受个人偏见影响的关键。例如在一个政府机关处理公民申请时，所有档案处理流程都应遵循公正的原则。工作人员在审核申请时，需依照标准化的程序进行，确保每一份申请都得到平等对待。以某市政府为例，在处理住房申请时，政府部门确保所有申请者的信息都在相同的标准下进行审核，防止因个人关系或其他因素影响评审结果。这种公正的处理方式能够有效防止歧视和不公行为，维护了公民的合法权益和政府的公信力。

（三）诚信记录

诚信记录是档案管理中至关重要的伦理规范，确保档案记录的真实性和准确性，有助于维护记录的有效性和可靠性。例如一家学术研究机构在管理研究数据时，严格遵循数据记录的诚信原则。所有研究数据均经过两名独立研究人员的验证，并在记录过程中保持详细的实验日志，确保数据的准确性和完整性。研究结果在发布之前，还需经过内部审查和验证，以确认记录的真实性。这种做法不仅保证了研究结果的可信度，也维护了学术研究的严谨性和透明度，增强了外界对研究成果的认可和信任。

（四）合规操作

合规操作是确保档案管理符合伦理规范的重要方面，所有档案管理活动应遵循既定的伦理标准和操作流程。例如一家金融服务公司在档案管理中严格执行内部控制和合规操作程序。公司设立了专门的合规部门，负责监督档案管理的各项操作，确保其符合行业标准和法律法规。每个档案操作步骤均有详细的操作规范和检查流程，确保在档案的存取、处理和销毁过程中都符合伦理规范。通过这种方式，公司能够有效防范不当操作和潜在风险，同时维护业务的合规性和透明度，确保档案管理的整体质量和信任度。

保密原则、公正公平、诚信记录和合规操作是档案管理中不可或缺的伦理规范，每一项规范都在维护信息安全、处理公正、记录准确和操作合规方面发挥着至关重要的作用。只有在这些伦理规范的指导下，档案管理才能实现其最终目标，即确保档案的完整性和有效性，同时增强机构的信誉和信任度。这些原则共同构成了现代档案管理的伦理基础，推动了档案管理实践的不断完善和进步。

三、伦理规范对信息安全的影响

在信息安全的管理和实践中，伦理规范发挥着至关重要的作用。伦理规范不仅为信息安全提供了基本的指导原则，还在风险防范、信任建立、合规管理和道德约束等方面产生了深远的影响。通过实施伦理规范，组织能够有效识别和管理信息安全风险，增强客户和公众的信任，确保信息安全管理符合既定的伦理和法律标准，并提升整体的安全意识和道德水平。这些伦理规范的实施不仅保障了信息的安全性和完整性，还推动了信息安全管理的持续改进和优化。

（一）风险防范

伦理规范在信息安全中扮演着至关重要的角色，特别是在风险防范方面。例如一家大型金融机构在制定信息安全政策时，严格遵循伦理规范来识别和管理潜在的安全风险。该机构首先建立了完善的信息安全策略，包括数据加密、访问控制和定期安全审计。机构内部设置了伦理委员会，负责监督和审查所有信息安全措施的实施情况。通过这些措施，该机构能够有效预防数据泄露、系统攻击等安全风险，保护客户信息的安全和完整。机构还定期对员工进行信息安全伦理培训，提高他们对信息安全风险的认知和防范能力。这些措施不仅降低了安全风险，也增强了信息系统的整体安全性。

（二）信任建立

信息安全的伦理规范能够显著提升客户和公众对信息安全的信任，例如一家国际电子商务公司在数据处理和隐私保护方面严格遵循伦理规范，以建立客户的信任。公司公开透明地披露其数据保护政策，明确说明如何收集、存储和使用客户数据，并确保所有数据处理活动符合国际隐私保护标准。公司还设立了专门的客户服务团队，处理与数据安全相关的咨询和投诉。这种公开透明的做法不仅赢得了客户的信任，还提升了公司在公众中的声誉。通过这些措施，公司成功地增强了客户对其信息安全措施的信任，进一步巩固了其市场地位和竞争优势。

（三）合规管理

确保信息安全管理符合伦理标准是实现合规管理的关键，例如一家医疗保健提供者在管理患者信息时，遵循了严格的伦理规范，以确保信息安全管理符合相关法律法规。公司设立了信息安全合规部门，负责制定和实施信息保护政策，并确保这些政策符合最新的法律要求和伦理标准。公司定期进行内部审核和外部检查，以验证其信息安全管理措施的有效性和合规性。通过这些合规管理措施，该公司能够有效地预防信息安全事故，保护患者隐私，同时确保所有信息处理活动都符合伦理和法律要求，从而增强了组织的整体信息安全水平。

（四）道德约束

建立道德约束机制对于提升信息安全意识至关重要，例如一家技术公司在信息安全管理中实施了一系列道德约束措施，以增强员工的安全意识。公司首先制定了明确的信息安全道德准则，要求员工在处理敏感信息时必须遵守最高的道德标准。公司通过定期举办信息安全培训和讲座，提升员工对信息安全风险和伦理责任的认识。其次，公司还设立了举报机制，鼓励员工报告违反道德规范的行为。这些道德约束机制不仅提高了员工的安全意识，还促使他们在日常工作中自觉维护信息安全，减少了潜在的安全隐患。通过这些措施，公司能够建立起更强的信息安全文化，确保信息安全管理的全面和有效。伦理规范在信息安全中具有显著的影响力，伦理规范通过风险防范措施有效降低了信息安全风险，确保数据和系统的保护。伦理规范增强了客户和公众对信息安全的信任，提高了组织的声誉和市场竞争力。再次，伦理规范确保信息安全管理的合规性，推动组织遵循法律和标准，避免了潜在的法律和伦理风险。道德约束机制的建立提升了员工的安全意识，促进了信息安全文化的形成。通过综合应用这些伦理规范，组织能够在动态的安全环境中维持高水平的信息安全管理，为其业务和客户提供稳固的保护和信任保障。

四、社会责任与伦理规范的融合发展

在当今商业环境中，企业的成功不仅依赖于经济效益，还受到社会责任和伦理规范的深刻影响。社会责任和伦理规范的融合发展是推动企业长期可持续发展的重要途径。通过将社会责任和伦理规范纳入公司政策、实施系统的教育培训、以及定期评估和改进，企业能够在保护环境、关怀员工、回馈社区等方面做出积极贡献，同时也在建立和维护企业信誉和道德标准方面发挥关键作用。这些措施不仅有助于提升公司形象和员工士气，还促进了公司与利益相关者之间的信任与合作。下面将探讨如何通过政策整合、教育培训和评估改进，实现社会责任与伦理规范的有效融合。

（一）政策整合

将社会责任与伦理规范融入公司政策是实现企业可持续发展的关键步骤，以一家国际跨国企业为例，公司在制定其企业政策时，将社会责任和伦理规范深度融合。例如该公司在其核心价值观中明确了对环境保护、员工福利、社区参与等方面的社会责任，并制定了相应的伦理规范。具体措施包括：推行绿色生产流程，确保供应链的社会和环境标准符合国际规定；建立员工权益保护机制，提供公平的薪酬和良好的工作环境；支持社区发展项目，通过公益活动回馈社会。通过这些措施，公司不仅提升了自身的社会责任形象，也增强了员工和客户的信任。这种政策整合使得社会责任与伦理规范成为公司运营的核心部分，从而在长期内推动了企业的可持续发展。

（二）教育培训

教育培训在将社会责任与伦理规范有效融合到公司文化中起着重要作用，例

如一家全球领先的科技公司在员工培训中加入了社会责任和伦理规范的内容。公司为所有新员工提供详细的入职培训，内容涵盖社会责任的基本理念、公司伦理规范、以及如何在日常工作中践行这些原则。公司定期举办专题讲座和研讨会，邀请行业专家和伦理学者分享最新的社会责任和伦理实践。通过这些培训，员工不仅了解了公司对社会责任的重视，还掌握了如何在工作中应用这些伦理规范。公司还设立了专门的伦理委员会，负责解答员工在实践过程中遇到的伦理问题。这样的培训和支持机制帮助员工树立了正确的价值观，提高了他们对社会责任和伦理规范的理解和执行能力，从而促进了公司整体道德水平的提升。

（三）评估改进

定期评估和改进是确保社会责任与伦理规范有效融合的关键环节，例如一家知名消费品公司每年进行一次全面的社会责任和伦理规范融合评估。公司通过内部审计和外部咨询相结合的方式，对其社会责任和伦理规范的实施情况进行深入分析。评估过程中，公司不仅审查了相关政策和程序的执行情况，还通过员工和利益相关者的反馈，识别实施中的问题和不足。根据评估结果，公司制订了详细的改进计划，包括优化政策流程、增加资源投入、调整培训内容等。通过这些调整，公司能够及时应对外部环境和内部操作中的变化，确保社会责任和伦理规范的持续有效实施。

社会责任与伦理规范的融合发展为企业提供了实现可持续发展的强大动力，通过将社会责任和伦理规范纳入公司政策，企业能够系统化地推进环境保护、员工福利和社区建设等方面的目标，从而提升其社会形象并增强信任。教育培训则确保了员工对这些规范的深入理解和实际应用，有效提升了企业的道德水平和员工的责任感。而定期评估和改进机制则保证了社会责任和伦理规范的持续适应和优化，使企业能够及时应对变化并维持其高标准的道德和社会责任形象。这种综合性的策略不仅有助于企业在竞争中脱颖而出，也促进了社会的整体进步和企业的长远发展。

第六章 档案管理与信息安全的未来展望

第一节 档案管理与信息安全的发展趋势

一、技术创新的推动作用

在信息化和数字化快速发展的今天，技术创新对档案管理的推动作用变得尤为重要。自动化工具、人工智能、区块链技术和云计算等先进技术正在深刻改变传统的档案管理方式。这些技术不仅提高了档案管理的效率，还提升了数据的安全性和准确性，为企业在应对复杂的档案数据时提供了强有力的支持。下面将探讨这些技术在档案管理中的具体应用及其带来的优势，从而揭示技术创新在现代档案管理中发挥的关键作用。

（一）自动化工具

自动化工具在档案管理中的应用显著提高了工作效率并减少了人为错误，以某大型金融机构为例，该公司引入了自动化文档管理系统，通过条形码和光学字符识别技术，自动化地分类、存储和检索档案。这些系统不仅能迅速处理大量文件，还能自动生成备份和归档记录，减少了人工操作的时间和成本。自动化工具能够减少文件丢失和重复存储的风险，提高档案管理的准确性和可靠性。随着技术的不断进步，自动化工具将进一步简化档案处理流程，使企业在应对繁杂的档案数据时更加高效。

（二）人工智能

人工智能技术在数据分析和安全监测中的应用正逐步成为趋势。例如一家医疗机构采用了人工智能驱动的数据分析平台，通过机器学习算法对患者记录和医疗数据进行深度分析，以识别潜在的安全威胁和数据异常。人工智能系统能够实时监测网络流量，检测异常行为，预测并防范潜在的安全风险。人工智能技术还可以帮助企业自动化生成风险报告，提供精准的数据洞察，优化档案管理和安全策略。

（三）区块链技术

区块链技术在保障数据完整性和不可篡改方面具有显著优势，例如一家供应链管理公司采用区块链技术记录和验证所有交易和文档。每个档案都被加密并存储在区块链中，形成不可篡改的链条，确保数据的真实性和完整性。这种技术不仅提升了档案管理的安全性，还简化了数据审计过程，因为所有交易记录都可以追溯和验证。

（四）云计算

云计算技术的快速发展推动了档案存储和管理的变革，某全球性企业将其档案管理系统迁移至云平台，实现了文件的集中存储和便捷访问。云计算提供的弹性存储和强大的计算能力，使得企业可以随时随地访问档案，并根据需要动态调整存储资源。[1] 通过云计算，企业不仅能够节省大量的硬件投资，还可以实现高效的数据备份和灾难恢复。云服务商提供的安全机制和多层防护措施，也有效保障了档案数据的安全性。

技术创新正在推动档案管理领域的变革，自动化工具通过提高处理效率和减少人为错误，极大地优化了档案分类、存储和检索过程。人工智能技术则在数据分析和安全监测中展现了强大的能力，能够实时识别潜在的安全威胁并生成精准的风险报告。区块链技术通过提供数据的完整性和不可篡改性，为档案管理带来了更高的安全保障，而云计算技术则通过集中存储和弹性计算能力，为企业提供了更加灵活和可靠的档案管理解决方案。随着技术的不断进步，这些创新将进一

---

[1] Kate C. Reevaluating the mission of control in records management: tools for a staff-centered approach [J]. Records Management Journal, 2022, 32 (3).

步推动档案管理的高效化、智能化和安全化,为企业应对繁杂数据挑战提供更加先进和有效的工具。

二、政策法规的引导作用

在当今迅速发展的信息时代,政策法规在档案管理领域的引导作用日益突出。随着信息技术的进步和数据保护需求的提升,各国政府不断更新和完善相关法规,制定国际标准,并加强监管。这些措施不仅帮助企业和公共机构应对不断变化的法规环境,还促进了技术的应用和创新。通过合理利用政策支持,行业内的数字化转型得以加速,从而推动了档案管理的整体发展。下面将探讨政策法规在引导档案管理方面的具体作用,包括法规更新、国际标准、监管加强和政策支持四个方面。

(一)法规更新

随着信息技术和数据保护需求的变化,各国政府不断更新和完善档案管理相关的法规。例如中国近年来实施了《个人信息保护法》和《数据安全法》,对数据的收集、存储和处理提出了更高的要求。某大型科技公司通过建立专门的合规团队,实时跟踪法规变更,并调整其档案管理政策,以确保全面合规。这一措施帮助企业减少了法律风险,避免了因不符合最新法规而遭受的罚款和诉讼。法规更新不仅促使企业不断改进管理流程,还增强了对数据隐私和安全的保护,促进了档案管理的合规性和透明度。

(二)国际标准

国际标准在档案管理中扮演着重要角色,采纳这些标准有助于提升管理水平并实现国际化。例如国际标准化组织制定了 ISO 15489 档案管理标准,为全球档案管理提供了统一的框架和最佳实践。一家跨国公司在其全球分支机构实施了 ISO 15489 标准,通过标准化的档案管理流程,提升了档案的整理、存储和检索效率。这也帮助公司在不同国家的运营中保持一致的管理水平,增强了企业的全球竞争力。采纳国际标准不仅有助于提升管理水平,还能提升企业的国际声誉和合规能力。

(三) 监管加强

随着数据保护法规的日益严格，企业面临着更为复杂的监管要求。例如欧洲的《通用数据保护条例》对数据处理和隐私保护提出了高标准要求。某医疗机构为了应对通用数据保护条例的严格审查，建立了全面的数据治理框架，包括定期的合规检查和数据审计。通过强化内部控制和透明化管理，该机构成功应对了监管要求，避免了高额罚款，并维护了患者的信任。监管的加强促使企业不断提升数据管理和保护措施，确保在复杂的法规环境中保持合规。

(四) 政策支持

政府政策对档案管理和技术应用的支持在推动行业发展方面发挥了关键作用，例如某国政府推出了一项旨在鼓励数字化档案管理的政策，不仅提供了财政补贴，还组织了专业的技术培训。此政策特别针对中小企业和公共机构，帮助它们应对数字化转型过程中的资金和技术难题。在这项政策的支持下，许多企业和机构迅速更新了他们的档案管理系统，采用了先进的数字化技术和管理工具。例如某市政府通过政策支持，成功推动了市政府部门的电子档案管理系统的实施。这一系统整合了电子文档存储、检索和数据分析功能，大幅度提升了档案处理的效率和数据的安全性。通过这一政策支持，该市政府不仅提高了内部行政管理的效率，还为市民提供了更加便捷的服务渠道。政策支持不仅为行业带来了技术创新的机会，还促进了企业和机构在数字化转型中的稳步发展。

政策法规对档案管理的引导作用具有深远的影响，法规更新确保了企业和机构在数据处理和隐私保护方面的合规性，降低了法律风险。国际标准的采纳不仅提升了档案管理的国际化水平，也增强了企业的全球竞争力。随着监管要求的加强，企业必须不断完善数据治理框架，以应对复杂的法规环境。政策支持通过财政补贴和技术培训，推动了行业的数字化转型，提高了档案处理效率和安全性。这些措施共同促进了档案管理领域的进步和发展，为企业和公共机构提供了宝贵的发展机遇和支持。在未来，政策法规的不断完善和支持将继续引领档案管理行业向更加高效、安全和国际化的方向发展。

三、社会发展的需求驱动

在数字化和信息化不断发展的今天，社会对数据安全、信息透明度、隐私保护以及智能化服务的需求日益增长。这些需求不仅体现了公众对现代社会治理和企业运营的期待，也反映了科技进步对社会生活的深远影响。随着信息技术的迅猛发展，数据安全问题频发，引发了社会对个人数据保护的高度关注。信息透明度的要求越来越高，公众希望能够及时了解有关决策和服务的真实情况。隐私保护也成为重要议题，因为个人信息的收集和处理带来了潜在的隐私威胁。智能化服务的快速普及则满足了人们对高效、便捷生活的渴望。这些社会需求的驱动，促使政府、企业和机构不断创新，采取措施应对挑战，以提升社会运作的效率和透明度，保障公众利益。

（一）数据安全需求

随着数字化进程的加快，数据安全成为社会关注的重点。信息泄露、网络攻击和数据滥用事件频发，引发了公众对数据保护的高度关注。例如2023年某大型电商平台发生了数据泄露事件，数百万用户的个人信息被非法获取，引发了广泛的社会恐慌。为应对这种情况，许多企业和机构采取了更为严格的数据安全措施，包括加密技术的应用、定期的安全审计和数据访问权限管理。企业不仅投资建设了更为坚固的网络防护系统，还通过员工培训提高了数据安全意识。政府也加强了数据保护立法，实施了如《数据安全法》等法规，要求企业对数据进行严格管理并在发生数据泄露时进行及时的通报和处理。这些措施在提升数据安全性方面发挥了积极作用，回应了社会对数据保护的迫切需求，并增强了公众对数字服务的信任。

（二）信息透明度

信息透明度已经成为现代社会的重要需求，尤其是在公共服务和企业运营领域。公众对政府和企业的透明度要求越来越高，希望能够及时、准确地获取有关决策、财政和服务的信息。例如某市政府为了回应公众对政府预算和项目进展的关注，建立了一个在线信息公开平台。该平台定期发布政府预算执行情况、项目进展报告和财政支出明细，确保信息的公开透明。这一举措不仅提升了政府的公信力，还增加了公众的参与感和满意度。企业方面，许多公司也开始推行透明的报告制度，定期披露财务状况和运营策略。

（三）隐私保护

在信息化和数字化的背景下，个人隐私保护成为社会的重要关注点。数据收集和处理的普及使得个人隐私面临越来越大的威胁。例如社交媒体平台和移动应用常常收集用户的个人数据，包括位置、联系人和行为习惯，这些信息的滥用可能导致隐私泄露。为加强隐私保护，许多国家和地区制定了严格的隐私保护法规，如《通用数据保护条例》。企业也采取了相应措施，例如通过隐私政策告知用户数据收集的目的和方式，并提供数据访问和删除的选项。以某科技公司为例，该公司在用户注册时明确说明其数据使用政策，并允许用户随时查看和删除其个人数据。

（四）智能化服务

社会对智能化和便捷化服务的需求日益增长，促使企业和机构加速智能技术的应用。智能化服务不仅提高了工作效率，还改善了用户体验。例如银行业通过引入智能客服系统，提供 24/7 的客户支持。这些系统通过自然语言处理技术，可以自动回答客户常见问题，处理简单的交易请求，从而减少了人工客服的工作负担。另一个例子是，某城市推出了智能交通系统，利用大数据和人工智能技术实时监控交通流量，优化信号灯控制，减少了交通拥堵和排放。这种智能化的服务模式不仅提高了城市运行的效率，也为居民提供了更加便捷的生活体验。

社会对数据安全、信息透明度、隐私保护和智能化服务的需求日益增长，推动了相关领域的显著变革。为了应对数据泄露和网络攻击等安全威胁，企业和机构加强了数据保护措施，政府也通过立法提升了数据管理的标准。信息透明度的提升则增强了公众对政府和企业的信任，促进了社会参与和诚信经营。隐私保护法规和企业的隐私政策帮助应对了个人数据滥用的问题，提升了用户信任。智能化服务的应用改善了工作效率和用户体验，从智能客服到智能交通系统，这些技术创新不仅提升了服务质量，也推动了社会的现代化进程。这些需求的驱动在提升社会治理水平和服务质量方面发挥了积极作用，为未来的社会发展奠定了坚实基础。

四、未来发展趋势的预测与分析

未来的发展趋势将深刻影响各个行业的运作模式和社会的整体格局，技术的迅猛进步、智能化管理的普及、风险防范措施的升级以及行业演变的加速，都将成为推动社会和经济变革的重要力量。在这种背景下，技术融合将不断推动创新，智能化管理系统将提升效率，风险防范将应对复杂挑战，而行业演变将带来职业角色的多样化。这些趋势不仅会塑造未来的行业格局，还将改变我们生活和工作的方式。

（一）技术融合

未来技术融合将成为推动创新和提高效率的核心驱动力。随着人工智能、大数据、物联网、区块链和5G技术的不断发展，这些技术的深度融合将创造出新的应用场景和商业模式。例如在医疗领域，人工智能和大数据的结合可以实现个性化治疗，通过分析大量的患者数据，提供精准的诊断和治疗方案。物联网设备能够实时监测患者的健康状态，并将数据传输至医疗机构，进一步提升医疗服务的质量和效率。在制造业中，5G技术的高速传输将使得智能工厂能够实时获取生产数据，结合人工智能分析预测设备故障，优化生产流程，减少停工时间。技术融合还将推动智能家居的普及，未来家庭中的各种设备将能够无缝连接，通过智能控制系统实现自动化管理，提高居住舒适性和安全性。

（二）智能化管理

智能化管理系统正在成为企业和组织提升效率和决策能力的重要工具，未来智能化管理系统将更加注重集成化和自适应能力，通过利用人工智能技术实现实时数据分析和自动决策。例如企业可以通过智能化的供应链管理系统，实时跟踪供应链中的每一个环节，预测需求波动，优化库存管理，从而减少成本和提高供应链的灵活性。在人力资源管理中，智能化系统能够分析员工绩效数据，自动生成培训和发展计划，提高员工满意度和工作效率。在城市管理方面，智能交通系统将通过实时交通数据分析和自动调节信号灯，减少交通拥堵，提高通行效率。智能化管理系统还将在能源管理领域发挥重要作用，通过分析能源消耗数据，优化能源使用策略，实现节能减排的目标。

（三）风险防范

随着科技的发展和社会的变迁，未来的风险类型将更加复杂和多样化。网络安全风险将成为一个主要的关注点，随着数字化和网络化的深入，网络攻击和数据泄露事件频发，组织需要采取先进的防火墙、加密技术以及多层次的安全防护措施来保护数据安全。气候变化带来的自然灾害风险也将加剧，企业和政府需要加强灾害预警系统，制订应急预案，提升灾后恢复能力。经济风险方面，全球化的经济体制可能导致金融市场的不稳定，企业需要通过多样化的投资组合和风险对冲策略来降低潜在损失。在公共卫生领域，新型传染病的出现将对全球健康造成威胁，公共卫生系统需要建立健全的疾病监测和应急响应机制。

（四）行业演变

随着技术进步和行业发展，许多传统职业正在发生变化，同时也涌现出新的职业角色。在科技领域，数据科学家和人工智能工程师将成为热门职业，他们负责开发和优化人工智能算法，并分析海量数据，为企业提供决策支持。在金融行业，区块链技术的应用促生了区块链开发人员和加密货币分析师等新职业，这些职位涉及加密交易、安全协议以及智能合约的开发。在医疗行业，数字健康专家和远程医疗技术支持人员将成为关键角色，他们利用技术提升医疗服务的可及性和质量。

未来技术融合将成为创新和效率提升的核心驱动力，各种前沿技术的深度整合将在医疗、制造业、智能家居等领域创造新的应用场景。智能化管理系统的应用将使企业和组织在数据分析和决策过程中更加高效和精准，从而优化供应链管理、提升员工工作效率，并改善城市交通和能源管理。随着科技和社会的变迁，未来的风险类型将更加复杂，网络安全、自然灾害、经济波动以及公共卫生等领域的风险防范将成为重点。行业演变则会催生出新的职业角色，并要求从业人员不断更新技能以适应新的市场需求和技术挑战。总体来看，这些发展趋势将共同推动社会的进步，并为个人和组织带来新的机遇与挑战。

第二节　档案管理与信息安全面临的挑战与机遇

一、面临的挑战与问题剖析

在现代信息化社会中，档案管理与信息安全面临诸多挑战。随着技术的发展和数据量的急剧增加，数据泄露、技术滞后、法规不完善以及人员短缺成为主要的问题。这些挑战不仅威胁到个人隐私和企业机密，也对国家安全构成了严重风险。数据泄露事件频发，技术更新缓慢导致安全隐患，法规滞后无法有效应对新威胁，专业人才短缺影响了安全防护的实施。为应对这些挑战，各组织和政府需要采取综合措施，包括加强安全审计、技术升级、法规修订和人才培养，以提升整体的信息安全水平。

（一）数据泄露风险

数据泄露风险是档案管理与信息安全领域面临的重大挑战之一，随着信息技术的迅猛发展和数据量的急剧增加，数据泄露事件频频发生，严重威胁到个人隐私、企业机密和国家安全。数据泄露的潜在风险主要包括黑客攻击、恶意软件、内部人员疏忽及第三方服务商的安全漏洞。例如 2017 年的 Equifax 数据泄露事件就揭示了大规模个人信息暴露的严重后果，影响了 1.43 亿人的个人数据。

（二）技术滞后

技术滞后是档案管理与信息安全面临的另一大挑战，信息技术更新换代的速度极快，但许多组织在技术升级方面进展缓慢，这导致了管理困难和安全隐患。例如仍在使用老旧操作系统和软件的机构，容易受到新型网络攻击的威胁。技术滞后不仅会导致系统性能低下，还可能导致无法有效防御新型网络攻击。

（三）法规不完善

现有法律法规往往滞后于技术的发展，无法完全覆盖信息安全的新威胁和新挑战。这种法规的不完善使得在应对数据泄露和信息安全问题时，难以找到法律依据和解决方案。例如近年来涉及隐私保护的法律法规，如《数据保护法》在很多国家还在不断完善和修订阶段，许多新兴的数据处理和存储方式并未被有效规制。

（四）人员短缺

专业人才短缺是档案管理与信息安全领域的一项关键问题，随着信息技术和数据安全要求的不断提高，对专业技术人才的需求也日益增加。然而市场上合格的安全专家和档案管理人员却难以满足这种需求。例如信息安全领域的高技能人才短缺，导致许多企业在构建安全防护体系时面临困难。这种人员短缺不仅影响到技术实施，还可能导致安全策略的执行不到位。

档案管理与信息安全领域正面临多重挑战，其中数据泄露风险、技术滞后、法规不完善和人员短缺是关键问题。数据泄露不仅对个人隐私和企业机密构成威胁，还可能影响国家安全。技术滞后使得旧有系统难以应对新型网络攻击，法规的不完善无法全面应对信息安全的新挑战。人员短缺则使得专业技术支持和安全策略的实施变得更加困难。为有效应对这些问题，必须采取综合措施，包括加强数据加密和访问控制、定期更新技术、完善法律法规以及加强人才培训和引进。只有通过这些措施，才能提升信息安全的整体水平，保障个人、企业和国家的信息安全。

二、机遇的识别与把握策略

在数字化时代，档案管理和信息安全正面临前所未有的机遇与挑战。新兴技术的崛起、政策的支持、市场需求的增长以及跨界合作的推进，为档案管理领域的创新与发展提供了广阔的前景。人工智能与大数据技术不仅提升了信息处理的效率，也为数据分类、检索与分析开辟了新天地。政府政策和法规的支持，为企业提供了强化信息安全和档案管理的必要保障。市场对智能化解决方案的需求日益增长，推动了相关技术的快速发展和应用。跨界合作则为行业带来了新的思路和资源，推动了整体业务的创新和提升。在这样的背景下，如何有效识别和把握这些机遇，成为企业和组织在档案管理领域取得成功的关键。

（一）新兴技术

新兴技术如人工智能和大数据为档案管理领域带来了诸多应用机遇。人工智能技术可以通过自然语言处理和机器学习来自动化数据分类、信息提取和档案检索，大幅提高管理效率。例如人工智能可以用于自动标记和归档文档，减少人工操作的错误和劳动强度。大数据技术能够通过分析海量数据，挖掘出有价值的信息和趋势，为决策提供精准支持。企业和组织应积极采纳这些新兴技术，改进档案管理系统，提升信息处理和管理的效率，同时也要关注技术的整合与适应性，确保其与现有系统的兼容。

（二）政策支持

政府政策和法规的支持为档案管理与信息安全领域的发展提供了重要机会，例如许多国家和地区制定了关于数据保护和隐私的法规，如《通用数据保护条例》，这些法规要求企业加强数据保护和安全管理。政府政策的推动还可能包括财政补贴、技术支持和行业标准的制定，这些都可以帮助企业提升信息安全管理水平。例如中国政府在《数据安全法》和《网络安全法》中，强调了数据保护和信息安全的重要性，并为企业提供了明确的合规要求和政策支持。组织可以通过积极响应政府政策，获取相关的技术支持和资金补贴，提升信息安全和档案管理的能力。

（三）市场需求

市场对信息安全和智能化档案管理的需求日益增长，为相关企业和组织提供了发展机遇。随着数据泄露事件的频发和信息安全威胁的加剧，企业和政府部门对高效、安全的档案管理解决方案的需求不断增加。智能化档案管理系统可以提高文档管理的自动化水平，减少人工操作带来的风险。例如市场上出现了许多集成了人工智能技术的档案管理系统，这些系统能够自动识别和分类文件，提升工作效率并降低错误率。企业可以通过关注市场趋势，开发符合需求的智能化解决方案，并通过市场推广和客户服务，满足日益增长的需求，从而获得市场份额的增长和业务的拓展。

（四）跨界合作

跨界合作为档案管理与信息安全领域带来了创新发展的机会，通过与其他行业的合作，可以引入新的技术、资源和思路，推动业务的创新和发展。例如档案管理公司可以与 IT 公司、数据分析公司以及咨询机构合作，共同开发更为先进的档案管理解决方案。比如信息安全公司可以与金融机构合作，开发针对金融数据保护的专用工具和解决方案，提升金融数据的安全性。跨界合作不仅能够带来技术和资源的共享，还能够促进创新思维的碰撞和业务模式的拓展。

新兴技术、政策支持、市场需求和跨界合作构成了推动档案管理与信息安全领域发展的四大关键因素。人工智能和大数据技术提升了管理效率和决策支持能力，政府的政策和法规为企业提供了合规与技术支持，市场对智能化解决方案的需求促进了技术创新，而跨界合作则推动了行业的整体发展。组织应主动采纳新兴技术，积极响应政策支持，关注市场趋势，并寻找跨界合作机会，以实现档案管理系统的优化升级，最终提升业务效率和信息安全水平。在这些策略的推动下，企业能够在竞争激烈的环境中脱颖而出，迎接未来的挑战与机遇。

三、挑战与机遇的应对机制

在当今快速发展的技术环境中，企业面临诸多挑战与机遇。数据泄露、技术滞后、法规变更和人才短缺等问题不断影响着企业的运营和发展。因此，建立全面的应对机制至关重要。这包括风险管理、技术升级、法规跟进和人才培养等方面。通过系统化的策略和措施，企业不仅能有效应对这些挑战，还能把握机遇，实现长期的可持续发展。

（一）风险管理

在面对数据泄露和技术滞后的风险时，建立全面的风险管理机制至关重要。企业应进行系统化的风险评估，识别潜在的安全漏洞和技术落后的领域。例如通过定期的漏洞扫描和渗透测试，识别系统中的安全薄弱点，并进行修补。制订应急响应计划，确保在数据泄露事件发生时能够迅速采取行动，降低损失。比如微软通过实施全面的安全审核和数据加密技术，强化了对企业数据的保护，从而有效地预防了潜在的数据泄露风险。

（二）技术升级

技术的不断进步要求企业制订系统的技术升级计划，以保持技术的领先性。制订技术升级计划时，企业应评估现有技术的有效性，识别需要更新或替换的部分。例如若现有系统无法支持新的数据处理需求或存在安全隐患，应考虑引入更先进的解决方案。某大型金融机构通过建立专门的技术评估团队，定期审查和更新其信息系统，确保系统能够支持最新的金融交易技术和安全要求。企业应优先关注新兴技术，如人工智能和区块链，以提升系统的智能化和安全性。

（三）法规跟进

新法规和政策的频繁变化要求企业灵活调整管理措施，以确保合规性。企业应建立法规跟踪机制，及时获取并分析最新的法规要求。例如在《数据安全法》颁布后，企业需对其数据保护措施进行调整，确保符合新法规的要求。企业可设置专门的合规部门，负责监控法律法规的变化，并与法律顾问合作，评估新规对业务的影响。比如欧盟的《通用数据保护条例》要求企业采取更严格的数据保护措施，某些跨国公司通过调整数据处理流程和加强数据隐私政策，成功实现了合规。

（四）人才培养

解决人员短缺问题的关键在于实施有效的人才培养与引进计划，企业应根据业务需求制订培训计划，提升现有员工的技能和知识。例如定期举办信息安全和技术更新的培训，确保员工掌握最新的行业标准和技术。某 IT 公司通过建立内部培训学院，针对员工的不同技术需求提供专项培训，显著提高了团队的技术水平。企业还应积极引进高素质的外部人才，特别是那些具备先进技术背景和行业经验的专业人员。通过与高校合作，开展实习和招聘活动，吸引优秀的毕业生和行业精英。

面对数据泄露、技术滞后、法规变更和人才短缺等风险，企业需建立系统化的应对机制。风险管理通过定期评估和应急响应，保障数据安全和技术稳定；技术升级计划确保企业始终处于技术前沿；法规跟进机制帮助企业保持合规，避免法律风险；而人才培养与引进策略则弥补人员短缺，提升团队能力。通过这些措施，企业能够有效应对当前的挑战，并在竞争中取得领先优势。

四、挑战与机遇的转化路径

在现代商业环境中，企业面临着各种挑战，包括市场竞争、技术进步和不断变化的消费者需求，然而这些挑战也为企业提供了宝贵的创新机遇。企业如何将挑战转化为机遇，成了其长期成功的关键。下面将探讨四种主要的转化路径：创新实践、流程优化、战略调整和绩效评估，分析它们如何帮助企业在困境中寻找突破，并实现可持续发展和竞争优势。

（一）创新实践

企业面临的挑战常常可以成为推动创新的契机，例如当面对激烈的市场竞争时，企业可以将这种压力转化为创新的动力，从而开发出具有竞争力的新产品或服务。以特斯拉为例，面对传统汽车市场的压力，它通过研发电动汽车和自动驾驶技术，成功引领了新能源汽车的发展潮流。特斯拉在市场竞争中不断探索创新技术，不仅提升了自身的市场份额，还推动了整个行业的技术进步。企业应鼓励员工提出新的创意，支持实验和尝试，尤其是在面对困境时，通过技术突破和业务模式创新来应对挑战。

（二）流程优化

优化管理流程是企业提高效率和应对挑战的重要手段，通过精简和优化业务流程，企业能够更快速地响应市场需求，提升运营效率。[①] 例如亚马逊通过引入高效的物流和仓储管理系统，大大缩短了产品配送时间，同时降低了运营成本。通过不断分析和改进供应链管理流程，亚马逊不仅提升了客户满意度，还在市场上获得了显著的竞争优势。企业应定期审查和优化内部流程，减少冗余环节，提升各部门之间的协作效率，从而更好地应对市场变化和挑战。

（三）战略调整

企业需要根据外部环境的变化及时调整战略，以适应新的机遇和挑战。例如面对数字化转型的趋势，许多传统企业开始调整战略，积极拥抱数字技术。沃尔玛就是一个成功的案例，它通过整合线上线下销售渠道，推动数字化转型，成功应对了电商平台的竞争压力。企业在制定战略时，应深入分析市场动态和自身状况，灵活调整战略目标和实施路径，以应对快速变化的市场环境。通过战略调整，企业不仅能够规避潜在的风险，还能够抓住新兴市场和技术的发展机会，从而实现业务的长远增长和市场竞争力的提升。

（四）绩效评估

绩效评估和反馈机制是企业不断改进应对策略的重要工具，通过设定明确的绩效指标和目标，企业可以有效监控战略实施的效果，并根据评估结果调整策略。例如谷歌在其业务运营中广泛使用数据分析和绩效评估工具，以实时跟踪和评估项目的进展和成果。谷歌的团队定期回顾项目成果，并根据反馈信息调整工作方法和策略，从而不断优化业务流程和提高绩效。

企业面对挑战时，将其转化为机遇的能力决定了其长远发展。通过创新实践，企业能够在市场压力中找到发展契机；通过流程优化，企业提升运营效率和

[①] F. L E ，Joan-Albert S ，Luis J S ，et al. Sedimentary record of the impact of management actions on pollution of Cartagena bay, Colombia [J]. Marine Pollution Bulletin, 2021, 172.

市场响应速度；通过战略调整，企业能够适应外部环境变化，抓住新兴机会；通过绩效评估，企业不断改进策略，确保目标实现。综合运用这些方法，企业不仅能够应对当前挑战，还能在竞争激烈的市场中脱颖而出，实现持续的业务增长和竞争优势。

第三节 档案管理与信息安全的发展策略与建议

一、发展策略的制定与实施

在当今数字化和信息化迅速发展的时代，档案管理和信息安全成为企业运营的核心要素。为了确保企业信息资产的安全和高效管理，制定并实施科学的发展策略是至关重要的。下面将探讨在档案管理与信息安全领域，如何通过明确目标设定、合理配置资源、制订详细计划执行方案及建立有效的进度监控机制，来实现企业的信息保护和管理目标。这些策略的有效实施不仅能够提高企业的运营效率，还能增强其信息安全防护能力，进而推动企业的长期发展。

（一）目标设定

在制定档案管理与信息安全的发展策略时，首先需要明确长期和短期目标。长期目标应着眼于建立完善的档案管理体系和强大的信息安全防护机制，确保企业的信息资产长期受到保护。例如一个长期目标可以是构建一个全面的电子档案管理系统，并且在五年内实现全员培训，提高信息安全意识。短期目标则应集中在实施具体措施上，如在接下来的 12 个月内完成信息安全系统的升级和基础设施的更新。例如针对短期目标，可以设定在三个月内完成数据加密软件的部署，以及在六个月内进行信息安全的风险评估。明确目标有助于为后续的资源配置、计划执行和进度监控提供清晰的方向，确保战略的实施能够有序推进并最终实现设定的愿景。

（二）资源配置

为了实现档案管理与信息安全的目标，必须合理配置人力、财力和技术资源。人力资源方面，企业需要组建专业的档案管理团队和信息安全团队，明确各自的职责，并提供必要的培训。以大型企业为例，可以设立一个专门的信息安全部门，负责监控系统的安全运行，并定期进行安全审计。财力资源方面，应制定预算方案，合理分配用于系统建设、技术采购和培训的资金。例如为实施新的档案管理系统，企业可以分配专项预算用于购买软件和硬件设施。技术资源方面，需要引入先进的技术解决方案，如数据加密技术和安全防护软件，来保障信息的机密性和完整性。

（三）计划执行

制订详细的实施计划和时间表是确保档案管理与信息安全战略得以有效执行的关键，实施计划应包括具体的步骤、任务分配和完成时间，以确保各项工作有序推进。例如在实施电子档案管理系统时，可以将计划分为需求分析、系统设计、软件开发、测试上线四个阶段，每个阶段设定明确的时间节点和责任人。时间表应详细列出每个阶段的开始和结束时间，如需求分析阶段在第一季度完成，系统设计阶段在第二季度完成等。计划中应包含风险评估和应急预案，以应对可能出现的问题。

（四）进度监控

为了确保档案管理与信息安全战略的有效执行，必须建立进度监控机制。进度监控包括定期检查任务完成情况，并及时调整实施策略。例如企业可以设立一个进度监控小组，负责跟踪各阶段任务的进展，并定期向高层管理汇报。每月或每季度召开进度评审会议，审查计划执行情况，识别潜在的问题和风险，并提出改进措施。以数据加密系统的实施为例，进度监控小组需要跟踪系统的部署情况，评估其安全性能，并根据反馈进行必要的调整。

有效的档案管理与信息安全策略是企业应对信息化挑战的关键，通过设定明确的长期和短期目标、合理配置人力、财力和技术资源、制订详尽的实施计划以及建立系统的进度监控机制，企业能够确保信息资产的安全和管理效率。明确的目标提供了清晰的方向，资源配置确保了实施的基础，详细的计划和时间表保证了工作的有序推进，而进度监控则帮助企业及时调整策略，解决实施过程中遇到的问题。通过这些综合措施，企业可以在保护信息资产的同时提升运营效能，实现战略目标，推动整体发展。

二、政策建议的提出与探讨

在信息技术迅速发展的今天，档案管理和信息安全面临着前所未有的挑战和机遇。为了应对这些挑战，确保信息的安全和管理的高效，亟待提出和探讨一系列政策建议。通过法规完善、标准制定、激励措施以及政府支持，可以建立起更为坚实的信息安全防线，促进档案管理的科学化和系统化。这些政策建议不仅有助于提高企业的信息安全水平，还能推动整个行业的发展，保障社会信息化进程的安全与稳定。

（一）法规完善

随着技术的迅猛发展，现有法规常常显得滞后，不再能有效应对新兴挑战。例如近年来大数据、人工智能等技术的广泛应用，对数据保护和隐私安全提出了更高的要求。建议完善现有法规，具体措施包括：更新数据保护法，涵盖数据收集、存储、处理和传输的全过程；引入针对人工智能应用的法律框架，明确算法透明度和问责机制；加强对跨境数据流动的监管，确保数据在全球范围内的安全传输。应设立专门机构对法规实施情况进行监督和评估，及时调整和修订相关法律，以应对技术发展的变化。

（二）标准制定

行业标准的制定对于提升档案管理和信息安全至关重要，建议建立和推广统一的行业标准，包括数据加密、访问控制、备份恢复和数据生命周期管理等方面。这些标准可以帮助企业和组织规范数据管理流程，确保信息安全。例如可以制定文件加密的技术标准，确保敏感信息在存储和传输过程中的安全性；建立数据备份和恢复标准，以应对系统故障或数据丢失的情况；规范访问控制标准，确保只有授权人员可以访问敏感信息。通过这些标准的实施，可以大幅度降低数据泄露和安全事件的风险，提高整体信息安全水平。美国国家标准与技术研究院制定的网络安全框架就是一个很好的参考，它提供了详细的最佳实践和标准，帮助企业提升网络安全防护能力。

（三）激励措施

为了鼓励企业投资信息安全，政府和相关机构可以引入一系列激励措施。例如提供税收优惠、补贴和奖励，以降低企业在信息安全方面的成本。政府可以设立专项基金，支持企业进行信息安全技术的研发和应用；为企业提供信息安全培训和技术支持，提升其内部能力；还可以设立信息安全优秀企业的评选机制，给予表现突出的企业荣誉和奖励，激励更多企业积极投入信息安全。例如美国的"国家网络安全创新计划"通过财政补贴和税收减免，鼓励企业在网络安全技术上的投资，取得了显著的效果。

（四）政府支持

政府在促进档案管理与信息安全方面可以采取多种措施，发挥重要作用。政府应出台全面的政策，设立专门的机构如信息安全委员会，负责制定和协调全国的信息安全战略和政策。这些机构可以提供政策指导、标准制定和实施监督，确保信息安全措施的有效落地。政府应提供资金支持和技术援助，特别是针对中小企业，帮助它们提高信息安全水平。政府可以通过补贴、税收优惠或专项资金的形式，降低企业在信息安全方面的投入成本，并支持其进行系统升级和技术培训。政府应推动行业间的合作，建立信息共享机制，促进企业之间的信息安全经验交流和威胁情报共享，及时应对新兴的安全威胁。

完善现有法规、制定统一标准、引入激励措施和加强政府支持是提升档案管理和信息安全水平的关键步骤，通过法规的更新可以确保法律适应技术发展的需求；行业标准的建立有助于统一管理规范，提高整体安全水平；激励措施可以鼓

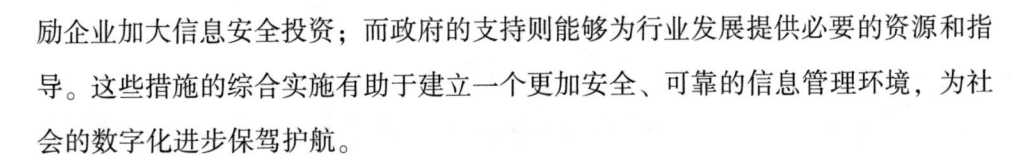

励企业加大信息安全投资；而政府的支持则能够为行业发展提供必要的资源和指导。这些措施的综合实施有助于建立一个更加安全、可靠的信息管理环境，为社会的数字化进步保驾护航。

三、行业协作的推动与促进

在当今迅猛发展的信息时代，行业间的协作已成为提升整体水平和推动创新的关键因素。尤其在信息安全和档案管理领域，面对日益复杂的威胁和挑战，单一企业的努力往往难以应对所有问题。为此推动信息共享、建立行业联盟、推广最佳实践以及鼓励联合研发等措施显得尤为重要。信息共享能够使各企业实时获取和响应安全信息，提升整体防护能力；行业联盟的建设有助于资源整合和技术合作，推动行业标准的统一；推广最佳实践则可以帮助企业学习和应用成功的经验，从而提高自身水平；而联合研发则是解决技术难题和加速创新的有效途径。通过这些措施，行业可以更有效地应对挑战，推动整体水平的提升。

（一）信息共享

信息共享是提升行业整体水平的重要途径，在现代信息安全和档案管理领域，威胁和挑战日益复杂，单个企业或组织很难独自应对所有问题。通过推动行业间的信息共享与交流，可以有效提升整个行业的应对能力和整体水平。建立行业信息共享平台，使各企业能够实时共享安全事件、攻击手段、漏洞信息等，可以帮助各方及时发现和应对潜在威胁。例如在网络安全领域，信息共享平台如美国的"信息共享与分析中心"成功地汇聚了来自不同行业的信息，帮助会员企业快速响应各种安全威胁。这种模式不仅提升了信息处理效率，也增强了整体防护能力。信息共享还可以促进最佳实践和经验的传播，让各企业在面对类似问题时能借鉴他人的成功经验，从而提高行业的整体安全水平。

（二）联盟建设

建立行业联盟是推动行业协作的关键步骤，通过组建行业联盟，各企业可以在资源整合、信息共享和技术合作等方面实现优势互补。行业联盟不仅可以促进资源的有效配置，还能推动共同解决行业面临的重大问题。例如全球最大的半导体行业协会——半导体工业协会，通过构建国际化的行业联盟，推动了技术标准的统一和资源的共享。该联盟的成员能够通过定期会议和合作项目，整合各自的技术和资源，共同推进技术创新和产业发展。类似的行业联盟也可以在档案管理和信息安全领域发挥作用，通过共享技术经验、行业标准和研究成果，提升整个行业的竞争力和创新能力。

（三）最佳实践

推广行业内的最佳实践和成功案例对于提升行业整体水平至关重要，通过系统化地总结和分享成功的经验和案例，各企业能够快速学习和应用这些实践，从而提高自身的操作效率和安全水平。举例来说，在金融行业，许多公司通过实施综合的安全管理框架（如ISO/IEC 27001标准），成功地提升了信息保护能力。通过行业协会或专业机构组织的研讨会、培训课程和案例分析，企业可以学习到这些最佳实践的具体实施方法和技巧。例如行业内的"网络安全最佳实践报告"详细列出了多家公司在应对网络攻击时的有效策略，这些案例的推广帮助更多企业识别和实施相应的防护措施，从而提升了整体安全水平。

（四）联合研发

鼓励行业企业进行联合研发是解决技术难题、推动创新的重要途径，在技术不断发展的背景下，单个企业往往难以独立解决复杂的技术挑战。通过联合研发，各企业可以利用集体智慧和资源，共同攻克技术难题。例如多个信息技术公司可以共同研发新一代的网络安全防护技术，以应对日益复杂的网络攻击。这种合作模式可以显著提升研发效率，降低成本，并加速技术的市场应用。以"Hyperledger"项目为例，这是一项由多个企业共同参与的区块链技术研发项目，通过各方的合作，推动了区块链技术在金融、物流等多个领域的应用。类似的联合研发模式可以在档案管理和信息安全领域推广，促进技术创新和解决方案的共享，从而推动行业整体的发展。

推动行业协作的各项措施是提升行业整体水平和推动创新的有效手段，信息共享提供了实时响应安全威胁的能力，行业联盟促进了资源和技术的整合，最佳实践的推广加速了经验的传播，而联合研发则通过集体智慧解决复杂技术问题。各项措施的综合实施，不仅能够提高行业的应对能力和竞争力，还能推动整个行业的健康发展。通过强化协作和共享，行业将能够更好地面对未来的挑战，推动技术进步和产业升级。

四、发展策略与建议的评估与调整

在现代商业环境中，制定并实施有效的战略是企业成功的关键。然而仅仅制定战略并不足够，评估与调整措施同样重要。为了确保战略实施的效果和适应市场变化，企业需要建立科学的评估标准、有效的反馈机制、合理的调整措施和持续改进的机制。下面将探讨这些关键环节的核心内容，帮助企业全面了解如何通过系统化的方法对战略进行评估和调整，从而实现长期可持续发展和竞争优势。

（一）评估标准

制定评估标准和指标是衡量战略和建议效果的基础，为了有效评估策略的实施效果，需明确量化指标，这些指标可以包括财务指标（如收益增长率、成本节约等）、运营指标（如生产效率、客户满意度等）和战略指标（如市场份额、品牌影响力等）。例如在实施一项市场扩展战略时，可以设定销售增长率、客户获取成本、市场渗透率等指标。通过定期收集和分析这些数据，可以客观评价战略的成效，确保其是否达到预期目标。指标还应根据战略的具体目标进行定制，以确保评估的准确性和针对性。最终，通过这些标准和指标的评估，能够全面了解战略的实际效果，并为后续的调整和优化提供数据支持。

（二）反馈机制

建立有效的反馈机制对于战略调整至关重要，反馈机制应包括多种渠道，如定期的员工满意度调查、客户反馈表、线上讨论平台等，以确保能够全面收集实施过程中的意见和建议。例如在推出新产品时，可以通过客户服务中心、社交媒体和产品评测等渠道收集用户的反馈。这些反馈可以帮助识别实施过程中出现的问题、了解用户的真实需求以及发现潜在的改进方向。通过分析这些反馈信息，可以及时发现战略实施中的不足之处，调整策略以更好地满足市场和用户的需求。建立一个透明的反馈机制，还能增强员工和客户的参与感，提高他们对战略实施的支持和配合度。

（三）调整措施

根据评估结果和反馈信息进行策略调整是确保战略有效性的关键，评估结果提供了战略实施的量化数据，而反馈信息则揭示了实际操作中的问题和改进空间。结合这些信息，可以对现有策略进行必要的调整。例如如果评估结果显示销售增长未达到预期，而客户反馈表明产品存在功能缺陷，企业应考虑对产品进行改进，并调整市场推广策略。调整措施可以包括重新定义市场目标、修改产品设计、优化营销渠道等。定期进行这样的调整，不仅能够应对市场变化，还能不断优化战略，提升整体执行效果。通过这种动态调整过程，企业能够更好地适应外部环境的变化，保持战略的有效性和竞争力。

（四）持续改进

持续改进是战略管理的核心环节，为了确保策略始终适应市场变化和企业发展需求，必须定期进行策略审查和改进。审查过程应包括对策略实施情况的全面评估、对新兴市场趋势的分析和对企业内部资源的重新审视。例如每季度进行一次策略审查，评估当前策略的执行效果，分析外部市场和内部运营的最新情况，并根据审查结果制订改进计划。这种定期的审查和改进机制，有助于识别策略实施中的问题，及时调整方向，从而保持战略的前瞻性和有效性。持续改进不仅能够提高策略的执行效果，还能推动企业在不断变化的环境中保持竞争优势，实现长期可持续发展。

评估与调整是战略管理过程中不可或缺的环节，通过明确量化的评估标准，企业可以客观地衡量战略的实施效果；有效的反馈机制则帮助企业及时了解实施中的问题和改进空间；结合评估结果和反馈信息进行策略调整，可以提高战略的适应性和有效性；而持续改进则保证了策略在不断变化的市场环境中始终保持前瞻性和竞争力。通过这些综合措施，企业能够不断优化战略，提升整体执行效果，推动长远发展。

第四节　档案管理与信息安全的未来愿景与期待

一、未来愿景的描绘与展望

在信息技术飞速发展的时代，档案管理与信息安全正经历着前所未有的变革。未来可以预见到智能化、全面安全保障、全球合作以及创新驱动将成为塑造档案管理与信息安全的关键因素。智能化技术将极大提升档案管理的效率和精准度，全面安全保障将确保信息不受威胁，全球合作将促进标准化和数据互通，而创新驱动则将不断推动技术进步。这些未来愿景不仅展示了技术的发展方向，也为企业和组织提供了应对未来挑战的战略蓝图。

（一）智能化发展

随着智能化技术的飞速发展，档案管理的未来将迎来深刻的变革。智能化技术，尤其是人工智能和机器学习，将在档案分类、检索和管理中发挥越来越重要的作用。例如基于人工智能的自动化分类系统能够根据文档的内容和特征自动将档案分类，从而大大提高档案管理的效率和准确性。自然语言处理技术将使得文档内容的自动识别和信息提取成为可能，减少人工输入错误，提高数据的完整性和可用性。智能化技术还能够提供智能检索功能，根据用户的查询意图自动筛选相关文档，节省搜索时间并提升用户体验。未来，智能化档案管理系统将实现对档案生命周期的全方位管理，从创建、存储到检索和销毁，所有环节都将高度自动化。这种发展趋势不仅提高了档案管理的效率，还为企业和组织提供了更加精准和个性化的服务。通过智能化技术的应用，档案管理将变得更加智能、高效和可靠。

(二) 全面安全保障

未来信息安全将成为档案管理的核心关注点，全面安全保障将成为现实。为了应对日益严峻的信息安全威胁，档案管理系统将集成多层次的安全防护措施。数据加密技术将广泛应用于档案存储和传输过程，以防止数据被未经授权的访问或篡改。基于区块链技术的不可篡改性将为档案管理提供更好的数据完整性保障，确保文档记录的真实性和可靠性。人工智能将用于实时监控和检测潜在的安全威胁，通过异常行为分析和自动化响应机制，及时识别和应对安全事件。全面的访问控制和身份认证措施将被加强，确保只有授权人员才能访问和操作敏感信息。未来的信息安全保障还将注重合规性，遵循全球信息安全标准和法律法规，确保档案管理系统符合各种监管要求。通过这些综合措施，档案管理系统将在数据保护和安全防护方面达到一个全新的高度。

(三) 全球合作

在档案管理与信息安全领域，全球合作和标准化进程将成为未来发展的重要趋势。随着数据跨境流动和国际合作的增加，各国对档案管理的标准和规范需要趋于一致，以促进信息的共享与交流。全球范围内的标准化进程将有助于建立统一的数据格式和管理规范，提高不同国家和地区之间的兼容性。例如国际标准化组织可能会制定新的档案管理标准，涵盖数据存储、备份、检索以及信息安全等方面。这些标准将促进全球范围内的档案管理系统的互操作性，简化跨国企业和组织的信息管理流程。各国之间的合作将加强数据保护的法律框架，共同应对网络安全威胁，保护个人隐私和企业数据。通过这些国际合作和标准化努力，全球档案管理体系将变得更加高效、安全和规范化。

(四) 创新驱动

未来的创新技术将不断推动档案管理与信息安全的进步，区块链技术作为一种创新的数据存储和验证手段，将对档案管理产生深远影响。区块链技术提供的分布式账本和不可篡改的记录特性，将极大地增强档案的真实性和数据完整性。

例如通过区块链，可以创建一个透明且不可篡改的档案记录系统，确保所有数据的来源和修改都被准确记录。另一方面，量子计算的进步将对信息安全产生革命性影响。量子计算能力的提升可能会破解现有的加密技术，但也将催生新的量子加密技术，这些新技术将提供前所未有的安全性，保护数据免受未来更复杂的攻击。人工智能和大数据分析技术将使档案管理更为智能化，通过分析海量数据，发现潜在的风险和优化管理流程。创新驱动的技术进步将不仅提升档案管理的效率，还将显著增强信息安全的防护能力，为未来的信息管理带来更多可能性和挑战。

未来的档案管理与信息安全领域将由智能化技术、全面的安全保障措施、全球范围内的合作与标准化进程以及持续的技术创新共同驱动。智能化发展将提高管理效率和数据处理能力；全面安全保障将加强对信息的保护，防范各种安全威胁；全球合作将实现信息管理的国际统一标准，提升数据互操作性；创新驱动将引领技术突破，推动档案管理和信息安全不断进步。这些因素将共同塑造未来的档案管理与信息安全格局，为应对不断变化的挑战和机遇提供强有力的支持。

二、期待的实现路径与步骤

在信息化和数字化时代，档案管理和信息安全领域面临着前所未有的挑战和机遇。技术的迅猛发展、数据量的激增以及信息安全威胁的复杂化，使得档案管理和信息保护成为企业和组织不可忽视的核心问题。为了应对这些挑战，推动技术创新、政策推进、教育培训和跨界合作显得尤为重要。这些措施不仅有助于提升档案管理系统的智能化水平和安全性，还能构建一个更为完善的保障体系。下面将详细探讨如何通过技术创新、政策推进、教育培训和跨界合作来实现档案管理与信息安全的全面提升，提供切实可行的路径和步骤，以期为相关领域的发展和实践提供有益的参考。

（一）技术创新

为了实现档案管理与信息安全领域的技术创新，需要制定明确的步骤和实施计划。企业和组织应开展前瞻性的技术调研，识别当前技术发展的趋势和未来的潜在突破点。例如利用区块链、人工智能、量子计算等前沿技术，对档案管理系统进行升级和优化。制订详细的技术创新计划，明确技术开发的目标、时间表和资源需求。计划应包括从技术概念验证、原型开发到试点应用的各个阶段。接着，建立跨部门的技术创新团队，集成各领域的专家，通过团队合作推动技术研发和应用实践。为了确保技术创新的有效实施，还需要设置阶段性评估机制，定期审查技术进展和应用效果，并根据实际情况进行调整和优化。积极进行技术推广和知识普及，通过行业会议、技术交流等方式，推动创新成果的广泛应用。通过这些步骤，可以有效推动技术创新在档案管理与信息安全领域的落地实施，提升系统的智能化水平和安全性。

（二）政策推进

政策支持是推动档案管理与信息安全发展的重要保障，首先需要政府和相关机构制定和落实相关政策，为技术创新和信息安全提供明确的指导和支持。例如出台鼓励技术研发和应用的财政补贴政策，激励企业进行技术创新。推动法律法规的更新，以适应新的技术和管理需求。对于信息安全方面，需制定更为严格的数据保护法律，确保个人隐私和企业数据的安全。要推动行业标准的更新和完善，确保档案管理和信息安全有统一的规范。例如更新ISO标准，涵盖新的技术应用和安全防护措施，为行业提供可靠的标准依据。加强政策的宣传和培训，提高企业和从业人员对新政策和法规的认知和遵守。建立政策反馈机制，通过收集企业和从业者的意见，及时调整和优化相关政策，确保其实际有效性和可操作性。通过这些措施，可以为档案管理和信息安全的发展创造有利的政策环境。

（三）教育培训

提高从业人员的素质是实现档案管理与信息安全发展的关键，首先，制订系统的教育和培训计划，覆盖档案管理和信息安全的各个方面，包括技术知识、法律法规、操作规范等。例如针对不同岗位的人员，设计量身定制的培训课程，从基础知识到高级技能，全方位提升其专业能力。其次，开展定期的培训和认证考试，确保从业人员能够持续更新知识，掌握最新的技术和标准。例如举办年度技术研讨会和安全技能培训班，邀请行业专家进行讲解和交流。再次，结合实际工作中的案例进行培训，通过实际操作和问题解决，增强从业人员的实践能力。最后，推广在线学习平台和资源库，提供灵活的学习方式和丰富的学习材料，便于从业人员随时随地进行学习。通过这些教育和培训措施，能够有效提升从业人员的专业素养，确保他们在档案管理和信息安全领域的工作中保持高效和安全。

（四）跨界合作

推动跨界合作是实现档案管理与信息安全创新的重要路径，首先建立跨界合作平台，汇聚政府、企业、学术机构和行业组织等多方力量，共同探讨和解决档案管理和信息安全中的问题。例如成立行业联盟或工作组，定期召开会议，交流经验，分享技术和成果。其次，推动技术和知识的跨界融合，将档案管理与信息技术、法律法规、数据分析等领域的先进成果结合起来。通过跨界合作，能够实现资源的优化配置，推动技术创新和管理模式的升级。例如信息技术公司与档案管理机构合作，开发基于人工智能的智能档案系统，提高管理效率。鼓励不同领域的专家和学者合作研究，推动学术研究和实践经验的融合。通过跨界合作，能够形成多方协同的创新路径，实现档案管理与信息安全的全面提升。探索国际合作机会，借鉴国际先进经验和技术，推动全球范围内的合作与标准化进程。通过这些跨界合作措施，可以构建一个多层次、多领域的协同网络，实现档案管理与信息安全的全面进步。

为了有效提升档案管理与信息安全的水平必须采取综合性措施，从技术创新、政策推进、教育培训和跨界合作等多方面入手。通过前瞻性的技术调研和明确的实施计划，引入区块链、人工智能等前沿技术，将有助于优化档案管理系统，增强信息安全。政策支持是推动技术创新和信息安全发展的重要保障，通过制定相关政策、推动法律法规的更新以及完善行业标准，可以为技术创新提供强有力的支持。再次，系统的教育和培训能够提高从业人员的素质和技能，确保他们能够适应不断变化的技术和标准。跨界合作将促进多方资源的优化配置，通过整合不同领域的先进成果，实现技术和管理模式的创新。通过这些综合措施的实施，可以有效地推进档案管理与信息安全领域的全面发展，为未来的挑战做好充分的准备。

三、未来愿景与期待的激励作用

在当今快速变化和竞争激烈的商业环境中，愿景和目标设定成为组织成功的关键因素。明确的愿景不仅为组织提供了明确的方向，还激发了员工的动力、吸引了投资者的关注、并增强了公众的信任。无论是特斯拉致力于加速全球向可持续能源的转变，还是谷歌的目标是组织全球信息，使其对所有人都可访问和有用，这些愿景都深刻地影响了组织的发展轨迹。通过设定清晰的短期和长期目标，组织能够保持战略一致性，提升员工士气，吸引资金支持，并在市场中建立强大的品牌信誉。

（一）目标设定

目标设定是任何组织成功的基石，明确的愿景和期待能够为组织设定清晰的方向，激励全体员工朝着共同的目标努力。例如特斯拉的愿景是"加速全球向可持续能源的转变"，这一愿景不仅为公司确定了长远的目标，也激发了员工的使命感和干劲儿。特斯拉通过设定具体的短期和长期目标，如推出高性能电动汽车、建设全球超级充电网络等，不断推进其愿景的实现。明确的愿景使得组织能够设定清晰的战略步骤，并保持战略一致性，从而促进组织的持续发展。

（二）提升士气

愿景不仅是组织发展的指南针，更是提升员工士气的重要工具。当员工能够清晰地理解和认同组织的愿景时，他们往往会感受到更强的归属感和责任感。比如谷歌的愿景是"组织全球信息，使其对所有人都可访问和有用"。这一愿景激励了谷歌员工追求创新，并在技术开发中保持高度的热情。公司定期举办员工活动和创新竞赛，鼓励员工参与公司的愿景实现，进而提升员工的工作热情与士气。愿景的激励使得员工不仅关注日常任务，更加致力于推动组织的长远目标。

（三）吸引投资

清晰的愿景和期待能够吸引投资者的关注和支持。投资者通常会关注组织的长远发展潜力和市场机会。以 SpaceX 为例，其愿景是"使人类成为多星球物种"，这一愿景不仅展示了其对太空探索的远大抱负，还吸引了大量风险投资。SpaceX 通过展示其技术创新和战略规划，赢得了投资者的信任和支持。愿景的清晰性和远大目标使投资者相信，组织能够带来巨大的回报，从而愿意投入资源和资金支持其发展。

（四）增强信任

实现愿景的过程能够显著增强客户和公众的信任。当组织成功实现其愿景中的目标时，会显著提升其品牌形象和市场声誉。例如苹果公司通过不断创新和推出高质量的产品，逐步实现其"创新科技，改变世界"的愿景。每一次的成功推出新产品，如 iPhone 或 MacBook 都会增强客户对品牌的信任，并提升品牌的市场地位。组织在实现愿景的过程中，通过兑现承诺和展示成果，能够建立起强大的客户和公众信任，从而获得长期的市场支持和忠诚度。

愿景和目标设定不仅是组织发展的指南针，更是其成功的基础。明确的愿景能够激励员工，提升士气，吸引投资，并增强公众信任。特斯拉通过其"加速全球向可持续能源的转变"的愿景，推动了电动汽车和超级充电网络的发展。谷歌以"组织全球信息，使其对所有人都可访问和有用"为愿景，激励了员工的创新和热情。SpaceX 则通过其"使人类成为多星球物种"的远大愿景，赢得了投资者的支持。而苹果公司则通过不断创新和兑现"创新科技，改变世界"的承诺，增强了客户的信任。愿景和目标不仅塑造了组织的未来，还促进了其持续发展，彰显了愿景在实现组织成功中的重要作用。

四、持续发展的动力与源泉

在当今快速变化的世界中，持续发展的动力来源于多个关键因素，其中技术进步、市场需求、政策支持和创新文化构成了推动行业和企业不断前行的核心力量。技术进步不仅提升了生产力，还催生了新的市场和业务模式；市场需求的变化促使企业进行创新，以保持竞争优势；政策支持为企业发展提供了保障，并促进了技术和产业的进步；创新文化则激发了组织内部的创造力，推动了长期增长。深入探讨这些因素，有助于理解它们如何共同作用于持续发展之中。

（一）技术进步

技术进步是推动持续发展的核心动力。在现代社会，技术的快速演进不断推动行业的发展和变革。例如人工智能的崛起正在重新定义多个领域，包括医疗、金融和制造业。以医疗行业为例，人工智能技术能够通过数据分析提供更加准确的诊断和个性化治疗方案。这种技术进步不仅提升了医疗服务的质量，还推动了整个医疗行业的发展。技术创新不仅能提高生产力，优化资源配置，还能催生新的市场和业务模式，从而为持续发展提供了强大的动力。

（二）市场需求

市场需求的变化是驱动行业持续发展的关键因素，随着消费者偏好和生活方式的变化，企业必须不断调整和创新以满足新的市场需求。例如随着环保意识的提高，消费者对可持续产品的需求激增。市场需求的变化不仅推动企业进行产品和服务的创新，也促使行业内的竞争加剧，从而推动整个行业的进步和发展。企业通过及时响应市场需求，能够保持竞争优势，推动自身和行业的持续发展。

（三）政策支持

政府政策和法规的支持为企业的持续发展提供了重要保障，政策的引导和支持可以帮助企业克服发展中的困难，并促进行业的整体进步。例如，中国政府对新能源车的政策支持，包括购车补贴和充电基础设施建设，大大促进了电动车市场的快速增长。政策支持不仅减少了企业的市场风险，还鼓励了技术创新和产业升级。政府制定的环保法规也促使企业加强环保技术的研发和应用，推动了绿色经济的发展。政策的支持为企业的发展创造了有利的环境，增强了其持续发展的能力。

（四）创新文化

创新文化是激发持续发展的内在动力的重要因素，一个充满创新精神的组织能够不断寻求改进和突破，从而实现长期的增长和成功。例如苹果公司一直以来重视创新文化，通过鼓励员工提出新想法和挑战现状，推动了多个革命性产品的诞生，如 iPhone 和 iPad。苹果的成功不仅源于其技术的创新，也在于其创新文化的营造。通过建立开放的沟通渠道、支持跨部门的协作以及鼓励冒险精神，企业能够持续激发员工的创造力，推动技术和产品的不断进步。这种创新文化不仅提升了组织的竞争力，也为其持续发展注入了源源不断的动力。

技术进步、市场需求、政策支持和创新文化是推动持续发展的四大主要因素，技术进步带来了生产力和业务模式的变革，市场需求促使企业进行产品和服务的创新，政策支持为企业提供了发展保障，并鼓励技术创新，创新文化则在组织内部激发了创造力和突破力。理解并结合这些因素，可以为企业和行业的持续发展提供更强大的动力。

结 语

随着信息技术的飞速发展和全球化进程的推进，档案管理与信息安全已成为各类组织在现代化运营中面临的核心问题。通过本书的系统研究深入探讨了档案管理与信息安全的基础概念、风险因素、技术保障、管理策略以及人员素质与文化建设，旨在为这一领域的从业人员提供理论支持和实践指导，助力组织在复杂环境中实现有效的档案管理和信息保护。本书的研究从基础概念入手，详细分析了档案管理的定义与发展历程，以及信息安全的基本原则，揭示了两者间的紧密关系。通过对档案管理中的信息安全风险——包括信息泄露、篡改和丢失等——的深入剖析，不仅识别了当前面临的主要挑战，也探讨了如何通过技术手段来强化安全防护。技术保障部分涵盖了信息技术的应用、安全技术的实施以及相关标准和规范，提供了切实可行的技术方案，旨在帮助组织在技术层面建立坚固的安全防线。在管理策略方面，本书提出了完善的组织架构、制度建设、流程管理和风险控制方案，强调了有效的管理体系对确保信息安全的重要性。人员素质与文化建设章节进一步探讨了提升从业人员的专业能力和培养企业文化的重要性，指出了人力资源在信息安全管理中的关键作用。

未来分析档案管理与信息安全的发展趋势和面临的挑战，提出了相应的发展策略与建议。信息技术的不断进步和管理理念的不断更新，使得档案管理与信息安全领域充满了机遇与挑战。通过对这些趋势的把握，组织可以更好地应对未来的变化，确保在信息化时代中保持竞争力。

参考文献

[1] 王璐. 大数据背景下档案管理信息安全问题及对策分析[J]. 商业 2.0（经济管理），2021（8）：93-94.

[2] 郝晓攀. 档案管理中的信息安全问题及其解决方案探析[J]. 兰台内外，2023（35）：1-3.

[3] 王芬. 医院电子档案管理与档案信息安全防护探析[J]. 中文科技期刊数据库（全文版）医药卫生，2022（6）：4.

[4] 张秀梅. 大数据背景下档案管理信息安全问题及对策浅析[J]. 2021（87）：9.

[5] 喻平. 大数据时代档案信息安全管理探析[J]. 科技传播，2020，12（1）：118-119.

[6] 南雪. "大数据"时代档案信息安全管理新思考[J]. 中国保健营养 2019（6）：320.

[7] 朱猛. 大数据背景下档案管理信息安全问题及对策研究[J]. 你好成都（中英文），2023（29）：0097-0099.

[8] 张馨匀，王静，张琬，等. 大数据背景下档案管理信息安全问题及措施分析[J]. 现代企业文化，2022（15）：22-24.

[9] 张玉芬. 医院电子档案管理与档案信息安全探析[J]. 中阿科技论坛（中英文），2020（4）：2.

[10] 王玉丽. 探析电子档案信息安全管理的挑战与对策[J]. 科技创新导报，2021，18（32）：3.

[11] 李扬. 高校档案管理与信息安全研究[M]. 北京：北京工业大学出版社，2020.

[12] 秦薇莉. 大数据背景下档案管理信息安全问题及对策浅析[J]. 2021（9）：14.

[13] 孟智. 网络环境下人防档案信息安全管理策略探析[J]. 2021（36）：12.

［14］李聪. 新形势下企业电子档案管理与档案信息安全探讨［J］. 兰台世界, 2022（6）: 121-123.

［15］何向. 浅议档案数字化管理与信息安全［J］. 兰台内外, 2023（2）: 4-6.

［16］赵海涛, 杨莎莎, 王琢琴. 高校档案信息安全管理与应用探讨［J］. 科技创新与生产力, 2019（6）: 4.

［17］白云飞, 赵静. 互联网+背景下档案信息安全管理思考［J］. 区域治理, 2021（23）: 2.

［18］张之莲. "大数据"时代档案信息安全管理新思考［J］. 管理学家, 2020（11）: 2.

［19］董云会. 档案信息安全保障措施探析［J］. 中文科技期刊数据库（全文版）社会科学, 2023（3）: 4.

［20］董婉婷. 网络视角下数字化档案管理安全性分析［J］. 黑龙江档案, 2022（4）: 268-270.

［21］Hongyu L, Chenxi L. Management and Optimization Methods of Music Audio-Visual Archives Resources Based on Big Data［J］. International Journal of Ambient Computing and Intelligence（IJACI）, 2023, 14（1）.

［22］Kriesberg A. Examining Social Media Policy and Records Management in Massachusetts Municipal Governments［J］. Proceedings of the Association for Information Science and Technology, 2023, 60（1）.

［23］Luigi P A, Mauro G, Giacomo G, et al. Lower extremity arterial disease perspective: IUA consensus document on "lead management". Part 1.［J］. International angiology: a journal of the International Union of Angiology, 2023.

［24］Preston C W. Data storage archive options: Batch, real-time and hierarchical storage management［J］. Network World（Online）, 2023.

［25］Leonardo A, M J S, Coutinho R A, et al. Linking centennial scale anthropogenic changes and sedimentary records as lessons for urban coastal management.［J］. The Science of the total environment, 2023, 902.

［26］Spoorthy K, Mark G, Vikas K, et al. Management of hypertensive crisis:

British and Irish Hypertension Society Position document. [J]. Journal of human hypertension, 2022, 37 (10).

[27] Katarzyna M, Angelica F, Pierre G, et al. Editorial: Lessons from the past: Linking the paleofire record and fire management in the context of a warming world [J]. Frontiers in Ecology and Evolution, 2022.

[28] Qiuju Z. Research on Electronic Archives Management Based on Blockch人工智能n Technology [J]. Scientific Development Research, 2022, 2 (6).

[29] Kate C. Reevaluating the mission of control in records management: tools for a staff-centered approach [J]. Records Management Journal, 2022, 32 (3).

[30] F. L E, Joan-Albert S, Luis J S, et al. Sedimentary record of the impact of management actions on pollution of Cartagena bay, Colombia [J]. Marine Pollution Bulletin, 2021, 172.